回嗆的修養

嫌なことを言われた時のとっさの返し言葉

被人說了難聽話時，你要如何反擊？

對方不但語塞、還無法惱怒

人際溝通諮商師，近距離觀察大小企業、創業者超過一千人
森優子◎著
郭凡嘉◎譯

大是文化

目錄

contents

推薦序一 不委屈自己也不破壞關係的反擊寶典／焦糖綠玫瑰 007

推薦序二 回嗆，不是比大聲／張忘形 011

前言 關係再親近，說話也要有分寸 015

〈序章〉別老是容忍——回嗆的基本修養 023

1—你要有這種認知：就是有人會隨時（不自覺的）刺你 024

2—發揮鈍感力，讓你回擊時心情不受挫 028

3—直接講白，不是刺他是教育他 033

〈第一章〉職場上的言語騷擾跟謾罵，靠裝傻讓他語塞 039
1—主管的怒罵，用「重複」來化解 041
2—「現在才幾點，你就要下班？」「對呀！」 047
3—上司的暴力質問，用反問來制止 053
4—這樣回嘴，讓前輩的打壓落空 059
5—稱讚他兩句，化解尷尬場面 065
〈第二章〉後輩言語吃你豆腐，怎麼展現成熟大人的風度？ 071
1—膨脹他的話來對付他的暗示 073
2—他說話踰矩，你得先嚴肅製造緊張 079

3 「你連這個都不知道嗎？」怎麼回應？ 085
4 他人話中帶刺，你開朗回應讓他自慚形穢 093
5 想占你便宜，還說你小氣？這種好解決 099

〈第三章〉

應酬時常聽到的騷擾話 107

1 他嘲諷你的食量，就繼續吃給他看 109
2 當自己的身材被拿來話題 115
3 「你就是這樣才會交不到男（女）朋友啦！」 121
4 說話被潑冷水，用一句堵死他的臭嘴 129
5 失禮提問，玩笑回應 135

〈第四章〉與其他家長的言語互鬥 141

1 ─ 妳為什麼不去工作啊？ 143
2 ─ 沒同理心的關心，怎麼讓他閉嘴？ 149
3 ─ 他講八卦找優越感，你得冷淡回應 155
4 ─ 你為什麼不當幹部呢？ 161
5 ─ 別人的羨慕嫉妒，用這句將他一軍 167

〈第五章〉家人親人友人的過度關心，怎麼解？ 173

1 ─ 帶有貶低的疑問，你用回問來反擊 175
2 ─ 親友催婚，先別說還沒 183

3—重複再重複，讓對方不再問「要不要生」— 189
4—老翻舊帳？跟他確認是否過了追訴期 195
5—說我有潔癖？這種程度算普通 201

反擊語錄 用這招秒回他的垃圾話 207

終章 反擊之後要做的事 215

推薦序一

不委屈自己也不破壞關係的反擊寶典

不婚媽媽百萬親子作家／**焦糖綠玫瑰**

在臺灣，很多人跟我一樣，對於儒家思想《論語》〈學而篇〉中的「溫良恭儉讓」毫不陌生。

拿上一代的教育觀念來說，小時候，家裡教導我們凡事不與人爭，對待朋友要大方、不談錢，甚至認為吃虧就是占便宜。然而無情的是，當我們出社會以後，竟發現多年來奉行的教條，根本只會迫使自己成為魯蛇（Loser）、濫好人，縱使十技在身，若是不懂得爭取，依然會被現實淘汰。

尤其是人際方面，仔細想想，在職場上，那些不見得比自己有本事，在長官、客戶面前花枝招展、悠遊自得的同事，雖然很會說應酬話，但面對不愉快的諷刺與質疑時，很快就以行動或言語暗示「你很沒禮貌」或「我才不做這件事」。更令人驚奇的是，他們這樣的態度並不損及人際關係，甚至還讓人敬畏三分？

華人尊儒思想根深柢固，但課本上的大道理常與社會現實脫節，若真以儒道相待，大部分的結局都是以委屈自己來收尾。

我在生下女兒 DAHLIA 之後，面對獨自撫養、照顧孩子的困境，為了不再被欺負，我開始用下得了臺的方式，適度向他人的失言提醒：「這話我聽得很不舒服，別去踩踏這條底線。」

對他們來說，這或許帶有一些被回嗆的不快感，但我認為這是為了維護自己權益，最好且最必要的方式！

再舉個例子，我以前是女版「好好先生」，遇見他人有難，不等人家開口，我就全都攬在身上，結果公親變事主，搞得自己勞心勞力，最後不但討不到一句道謝，久了還被當應該，常被軟土深掘，若不答應、不容忍，反而是我的錯了。

本書作者森優子是人際溝通諮商師，她開宗明義告訴大家：「被人說了不好聽的話，要如何優雅的回嗆？」作者認為反擊不是破壞關係，而是為了與身邊的人和平共處，免得委屈自己、縱容別人。而最好的方法，正是用鈍感力與調教力來消滅言語暴力！

更棒的是，這本書用各種實例故事來帶出情境狀況題，包括在職場上被人挖苦：「現在才幾點，你就要下班？」或碰到難以應付的家長說：「小孩沒有爸爸，好可憐喔！」任誰聽到這種酸言酸語，都會不自主的感到憤怒，但直接撕破臉用難聽話回應，只會讓事端更擴大，作者依她的百戰經驗，在書中向讀者分享該如何優雅又不失禮貌的反擊。

推薦序二

回嗆，不是比大聲

溝通表達培訓師／張忘形

我的工作是教人溝通表達，平常上課時，不少同學表示自己有這樣的困擾：「有時候被別人說了幾句，心裡特別不舒服，但不知道該怎麼回應。」

我想這本《回嗆的修養》，能夠解決這類的困擾。不過，由於作者是日本人，有些對話可能有文化差異，所以回嗆方法無法直接使用，但依照書中的觀念，我們可以轉換成適合自己的方式。

例如，裡面有教到一招，是當別人罵你時，你就不斷重複。

我其實滿常用這個方法，無論對方是氣急敗壞，或是想要酸你的時候，只要笑笑的重複對方的話，通常對方就講不太下去了。

例如有人罵我白痴，我就笑說：「真的，好白痴喔。」這時候他頂多再講幾句白痴，接著就罵不太下去；但如果我是說：「你才白痴！你全家都白痴！」這時候很可能會讓對方罵出更多難聽話，彼此吵得面紅耳赤。

就算之後吵贏，或是吵架中斷，我們總覺得不太開心。我後來發現，只要我們在意對方話語中的內容，那麼不管吵什麼內容，我們都是輸了。

因為對方的目的很可能就是酸我們、激怒我們，也就是引起我們反應。所以只要我們被對方刺激，使情緒大幅波動，其實對方的目的也就達到了，廣義來說，我們也就是輸了。

所以，這邊說的回嗆，並不是想辦法罵回去，比大聲。而是藉由作者說的鈍感力和調教力，來破壞對方本來的意圖和語言結構，讓對方講不下去，我們也不會被挑起情緒。

但是，要怎麼做才讓自己不這麼容易有情緒呢？這本書最有趣的就是每一個情境都有一個小總結，我剛開始看時，一直在想，為什麼要放這麼多的名人語錄？感覺有點老派。

但在看完後，才發現作者是希望我們在面對這個情況時，能藉由這些名人的話語帶來一些防禦力，當情緒上來時，想想這些話語，就能讓自己變得冷靜。

我認為這本書其實在教我們的，不只是回嗆，更是修養。當我們遇到讓人不舒服的人時，都能優雅的應對。此外，書中提到不舒服的話語，也能提醒我們自己，避免成為別人眼中的壞人。

前言

關係再親近，說話也要有分寸

如果有人突然說了令你受傷的話，你會有什麼反應？

我想，不管是誰，面對突如其來的難聽話或垃圾話，一定會很不開心。無論對方有沒有惡意，他說的話都讓人感到不舒服，甚至惱火。

一般人的反應大致分成兩種：心情會立刻表現在臉上，但是什麼也不說；也有人直接爆發情緒，並攻擊對方。

我經常聽到有人說：

「就算在心裡大吼：『太過分了！』可是一想到自己的立場，也只能沉默。」

「因為無法原諒對方說出這種話，再加上被他刺激到無法再忍受，所以自己也回嗆他難聽的話。」

「事後會湧上一陣不甘心，一想到當下什麼話也說不出來，覺得很後悔。」

總結上述情況來說，多數人都想：「想要更巧妙的回應他，可是我的反應沒這麼快。」

如果是往後再也不會見到的對象，那也就罷了。但如果是每天都會見到的人，如公司主管或前輩、客戶、學長姐、朋友、鄰居、小孩同學的家長，或一輩子都甩不開的親戚等，遇到這種狀況時，盡量不要引起爭執比較好。

但，要是**放任對方說一些過分的話，只會讓自己在負面情緒中，越陷越深**。除此之外，一味的**忍耐也無法讓雙方的關係有所改善**。嚴重的話，有些人甚至因此出現社交恐慌症。很遺憾的是，在這個世上，說話非常難聽、白目的人非常多。與這些人相處，讓我們的生活充滿壓力，心情每天都彷彿在戰鬥一樣。

因此，我希望各位在面對這些壓力時，能好好的保護自己。

碰到攻擊時，千萬不要慌張。我將在本書中，教各位如何機智的面對，並**用一招就打敗對方的方法。**

由於我長期兼職兩份工作，因此在職場上遇見各式各樣的人。有很多個性很好、三觀正確的人，不過也有人完全相反。當然，好與壞和他們的年齡毫不相關。

那時，我突然領悟一件事：說話難聽的人，雖然讓人討厭，但不是壞人。比起那些說謊臉不紅、氣不喘的人來說，他們的本性其實不算壞。

也許他心智年齡比較不成熟、內心空虛寂寞、講話比較衝，或者他是沒有自信的人……如果我們換個角度看他，或許就會覺得這種人其實滿可愛的（當然，若是內心扭曲的人，那又另當別論了）。

如果對方是因上述原因而講話難聽，應對的方法就簡單了。只要知道原因，就沒必要感到害怕。

我希望各位讀者可以參考並實踐本書中介紹的方法，讓你今後能在心裡揚起勝利的旗幟。

接下來，我簡單介紹本書的內容。

在前言，我會針對心理準備加以說明。由於**言語攻擊通常都是很突然的**，隨時都有可能發生。為了緩衝內心的衝擊，**你必須在事前就做好準備**。因為只要做好心理準備，遇到狀況時，才能從容不迫的回擊。

換句話說，我們大都在沒做好心理準備時，聽到難聽話，才無法巧妙的回嘴。

第一章，針對來自主管與前輩的言論，告訴你如何機智而有效的反擊，我也會向各位介紹實際發生過的案例。

儘管現代社會越來越重視職權騷擾，但仍有很多人會說一些讓聽者感到相當不愉快的話。相信許多上班族都因與主管和公司前輩相處而煩惱，我認為，這就是受到權力騷擾的證據。

這個問題或許跟婆媳問題一樣，已是人們亙古的課題了。

第二章是來自後輩說的難聽話。假設你有個很景仰自己的後輩，你對他疼愛有加，但某天他突然天外飛來一筆一句不中聽的話，你會怎麼做？

如果你用一種很不成熟的態度回應他，你就成了那個「心智不成熟的人」了。為了避免發生這種狀況而丟了面子，你必須聰明的回應。如果可以做到這點，相信今後你與後輩之間的關係，也會越來越穩定。

第三章要說明的是在應酬時遇到的難聽話。聚餐、酒席等場合，或許最容易引發衝突。有些人只要一喝酒，就變得天不怕、地不怕，也因此，這些場合會出現一些亂說話、講話白目、毫無同理心的人。

說話無理取鬧、不斷批評指責、性騷擾的發言等，面對這些讓人難以忍受的狀況，你不妨反過來利用這個機會，大膽的說出想回敬對方的話。

不要想「只不過」是個聚餐，而是要想**「就算是」聚餐，你也要能聰明的反擊**。在本章，我會教你大快人心的反嗆方式。這個方式也可以讓你巧妙的避開對方的攻擊。

第四章介紹在幼稚園或小學家長會，由小孩同學的媽媽所說的難聽話。雖然有人可能會想：「忍耐到孩子長大吧。」可是等小孩長大，還要好幾年。而且這種狀況幾乎都是女人會碰到。在這個由媽媽們組成的小團體所上演的事，都有可能發展成麻煩的人際問題。

我會在這一章中選出常見的問題，並說明如果有人說了攻擊性的話語，你可以如何回應。

第五章是關係親密的人說的難聽話。除了朋友、同事、親戚之外，還包括夫妻、戀人等，實際上這類人的範圍比我們想像的還要廣泛。

日本有一句話是：「再親近，也要有分寸。」就算關係再親近，如果對方問你一些敏感、不想回答的問題，或講話缺乏同理心，真的很讓人困擾。

在這一章裡，我會針對這些常見、一被問就感覺不舒服的話，提出反擊法。

最後，我會整理**反擊語錄「用這招秒回他的垃圾話」**（見二〇七頁），除了在上述篇章提到的難聽話之外，我在這裡列出其他不中聽的話，並說明你可以怎麼回應對方。如果讀者看完本書後，覺得某方法很不錯、哪個回應可以派上用場，請務必在生活中實踐。

我在每個章節介紹的案例，都是實際發生過的事。不過為了保護當事者的隱私，在本書中不會提到他們的名字。

在各個篇章的最後，我還加上了自己喜歡的名言。希望各位讀者能抱著愉快的心情閱讀這個部分。

我衷心期望越來越多的人心裡能感到平和，並展現越來越多的笑容。

序章

別老是容忍——回嗆的基本修養

1

你要有這種認知：就是有人會隨時（不自覺的）刺你

在工作上或私人領域，很多時候我們很難預料自己會碰到怎樣的人。

例如，當你遇見住家附近的朋友、過去的同學或點頭之交時，很有可能跟他們聊起來。在你們談話過程中，對方或許會突然對你展開言語攻擊。

對此，我們要有「別人隨時會刺自己」的認知，如此一來，自己不論在什麼地方，聽到別人說了什麼難聽話，都能把心靈的傷害降到最低。

做好心理準備，為心靈披上盔甲

你可以把心理準備想像成替心靈穿上盔甲，就算有人說的難聽話像弓箭一樣射向你，你也可以巧妙的擋掉，或避免受到重傷。

在出門前，當你穿上鞋子時，也為心靈穿上盔甲吧。我希望你一邊為自己打氣，一邊為自己注入雀躍心情。

接著，在腦中替自己裝備「盾」與「矛」——這是用語言反擊難聽話的最佳武器。至於這是什麼樣的武器，我會在後面逐步說明。

首先，在踏出家門時，替心靈穿上盔甲，在腦海裡想像盾與矛的形象。這麼一來心理準備就ＯＫ了。

盾與矛——鈍感力與調教力就是你的武器

我在銀座（按：位於日本東京的商業區，以高級購物商店聞名）上班時，經常有客人對我說一些很難聽的話。

我在那裡工作了十四年，多少會遇到一些負面的事情。

銀座是高格調的社交場所，這裡有很多高級俱樂部和酒吧，所以有不少人會來這裡消費、喝酒。然而，到銀座俱樂部喝酒的客人，並非全是善類，再加上有些人喝得爛醉就開始胡言亂語，面對這類人其實非常辛苦。

不只是俱樂部老闆娘，就連公關小姐們也會遇到客人對她們說難聽話，這種場面經常在我面前發生。

不過，我也看過許多公關小姐聰明的回應，瞬間化解尷尬。

我在銀座遇到的這些經驗，替我的心靈創造出一副無可動搖的堅固盔甲。更讓我懂得用「鈍感力」與「調教力」——也就是我稱為盾與矛的武器——來反擊對方。光靠這兩種能力，對方再也沒辦法對你說些什麼了。

鈍感力與調教力，能讓你不被那些說話難聽的人耍得團團轉，是讓你可以在心態占上風最重要的武器。我會在後面章節傳授給各位。

2
發揮鈍感力，讓你回擊時心情不受挫

假設有人突然說一些讓你覺得不愉快的話，那些話語有如萬箭般向你射過來，相信你一定很憤怒，覺得非常不甘心，很想要把這股怒氣發洩出來，又或者是你因太過震驚，導致什麼話也說不出來。

鈍感力是你的最強盾牌

不過沒關係，因為如前面所述，你的心已經穿上盔甲了，如果你再握有盾與矛這兩項武器，甚至只要使用其中一項武器即可回嗆。

首先是第一種，只要舉起鈍感力這面盾牌，你就能在保護自己的狀況下，反擊對方。

說到鈍感力，一般人可能會以為，是很遲鈍的意思。但事實上絕非如此。如果你是個急性子，大概很容易脫口而出心裡想的話。但是身段軟的人會顯得比較從容、冷靜，說話的方式也會比急性子緩慢。

這並不代表這種人很遲鈍，而是在別人對他說了一些讓他不開心的話時，他的心裡多了一層緩衝，能讓他當下立刻冷靜的判斷：「**原來那個人會說這種話啊。**」

這種光明正大而從容態度，就是我所指的鈍感力。

已故醫生暨小說家渡邊淳一，就在他自己的著作《鈍感力》中提到：

「在每個不同的世界中獲得相當程度的成功者，除了他本身有才能之外，也必定潛在著正面意義的鈍感力。」

我認為的確就像他說的那樣。

在銀座能持續成功的老闆娘、很受歡迎的公關小姐、被稱為一流人士的客人、或是有潛力成為頂尖商業人士的客人……都具備這種能力。就算有人對他說了什麼難聽的話，他也不會太過介意，或是因此鑽牛角尖。面對任何嫉妒、諷刺也不會動搖，這就是正面意義的鈍感力。

只要發揮鈍感力，就能在保護自己的前提下，向對方做出反擊。

鈍感力有三招

在這裡，我將鈍感力分成三種回應方式。

第一種是重複。如果對方說了令人感到不愉快的話，你只要把他的話重複一遍就好了。不用生氣，也不需要在話語中夾雜著憤怒的語氣。因為你的心靈已經穿上盔甲了，所以你完全不需要慌張。

請你**冷靜的、至少停頓兩秒，再清楚的重複對方剛才說的話**。

第二招是裝傻提出一些問題。如果對方對你說一些垃圾話，你可以反過來問他問題。

這裡說的問題，並不是要你問跟對方有關的問題，而是針對他所說的令人不悅的話題，你要**裝不明白的樣子來反問他**。

這麼一來，對方會感到措手不及，這招意外的相當有效。

你或許會覺得這樣有點幼稚，但事實上，當你以冷靜的態度，不著痕跡的問出這種問題，才是優雅的回嗆。

最後是幽默感。

要用幽默感跟對方戰鬥，難度或許有點高，如果你平常就不太會開玩笑，那麼會覺得更加困難。

別擔心，我在本書裡介紹的回話方式，都是只要你稍微鼓起勇氣，就很適用的語句，而且這些句子幾乎都很簡短，所以可以立刻記住。

這些句子簡短而幽默，**會讓你的對手在一瞬間什麼話也說不出來**。

當你感到不甘心的時候，就用幽默感回嗆吧。如果你能用這種巧妙的句子回答對方，他一定會很「佩服」你的。

3

直接講白，不是刺他是教育他

如果對方說的話很過分，讓你即使發揮鈍感，心裡卻還是很不痛快時，想必你一定很想直接、用力的踩他的痛腳吧？

這個時候，你就可以使用第二項武器，就是調教力這支矛。

什麼是調教力？

簡單來說調教力就是教育對方。為了要讓他明白，你可以這麼說：

「你現在說的話讓我很不舒服。請你下次不要再說這種話了。」

尤其是對方說缺乏同理心或愛管閒事的話時，你可以直接了當的這樣告訴他。不過實際上，我們並不知道對方會不會發覺自己說話有不妥，也不確定對方會不會反省。如果對方沒有改變，那也沒辦法。

此外，你也不需要擔心：「我好像對他說了很過分的話。」畢竟是對方先對你說了難聽的話。為了不讓今後的人際關係累積過多的壓力，我認為你可以稍微尖銳的回應對方。

如果對方說的那些不遜之言，將你心靈的盔甲都全副崩毀了，你也可以用調教力來指正他，讓他以後不要再犯。

有調教力的回應方式

調教力可以分成兩類。

第一種是模仿。如果對方說了討人厭的話，那你就用「模仿」名人說的一句話來回應。

舉例來說，你可以學由日本知名演員水谷豐，所飾演刑事推理影集《相棒》的主角杉下右京。每次杉下的搭檔或是警視廳（按：日本東京的警察機關）的夥伴說了令他不開心的話，他便一臉認真、尖銳的回應對方。

當有人挖苦他時，他不費力氣的回答：「哎呀，注意細節是我的壞毛病。」

有看過這部電視劇的人，一定都會知道杉下右京有許多知名臺詞（回應方式）是多麼有效。你也可以說：

「你，還是沒變捏……。」

「我不能怪你這麼做，但我不能原諒你。」

第二種是「迴力鏢」。雖然叫做迴力鏢，不過這絕對不是以牙還牙、以眼還眼的招式，也並非報復手段。使出這招對自己也沒有什麼好處，儘管如此，有時對方說的話實在太讓人生氣，所以你還是得做出點回應。

迴力鏢和我在介紹鈍感力時，提到的重複並不相同。

簡單來說，這個招式就是**把對方所說的難聽話，主詞換成對方，再原封不動的丟還給他**。

也就是說，在語言上進行正當防衛。

在日常生活中，我們或許很少有機會可以拿出這支矛來，但如果對方讓你非常不舒服，你還是可以利用模仿和迴力鏢來刺對方。

只要準備好這幾招，就不需要擔心別人的攻擊了。
接下來，就讓我們踏上戰場吧！

第一章

職場上的言語騷擾跟謾罵，靠裝傻讓他語塞

1
主管的怒罵，用「重複」來化解

你可能在職場上聽到主管怒罵部屬：「白痴！」不過罵人白痴實在太過分了。當你聽到別人這麼說時，想必全身像是觸電般的受到衝擊吧。尤其，當對方一臉嚴肅的說出這種話，除了衝擊之外，一定會讓人很受打擊。

就算是主管，也不能隨便罵人白痴。這句話會讓人瞬間像是消氣的皮球般，全身無力。但如果你放任對方這麼說，卻不回應，只會讓自己越來越不甘心而已。一般來說，沒有人願意莫名其妙的被他人貼上傻子的標籤，所以在這種情況下，想回擊是非常正常的。

回話大致上分成下列兩種：

急性子的人，大概會這樣說：「不管怎麼說，罵我白痴也太過分了吧！」若是生性認真的人，或許會說：「你說我白痴是什麼意思？」在現代，就算是父母親，也不會在小孩面前罵他們。

對此，我有一個很好的對應方法。

幾年前的某天，我很早就到公司了。我帶著些許睡意，打卡進了公司，大門打開的瞬間，就聽到一句：「你是白痴嗎？」

這讓我的睡意瞬間全消。辦公室裡，我的主管正大聲斥罵一位年輕的男性業務。這句話在辦公室裡迴盪，當時，大多數員工都還沒到公司，辦公室裡的電話都尚未響起。

當時我心想：「一大早就被主管罵，真衰。」但沒想到那位男性業務立刻斬釘截鐵的回答：**「對，我就是很白痴啊！」**

後來，據我的了解，他並沒有犯下什麼大錯，只是不太了解主管所說的話而已。就算被罵是逼不得已的事，但突然被人罵白痴，我相信他內心一定非常憤怒、激動。

不過他竟然能當機立斷，重複主管的話當作回應，讓我十分佩服。

除此之外，我公司還發生過這麼一件事。

某天，我在公司裡製作人才招募廣告時，突然聽到有人罵：「妳怎麼這麼笨啊？」我停下手上的動作，抬頭看到底發生什麼事了。

原來有一位組長對著一位女性業務大發雷霆：「妳是怎麼搞的？笨蛋嗎？」我感到相當吃驚，因為被罵的那位業務，是比我多了十年職場經驗的前輩。

更讓我驚訝的是，這位前輩並沒有因此顯得很消沉。

她只是不斷重複著：「對啊、對啊。」並回到自己的座位上。

畢竟是被罵，所以她的臉色相當凝重，但她嘴裡說的話倒是顯得很輕鬆。

這究竟是怎麼辦到的？

從那時候開始，我時不時觀察這位前輩。於是我發現了一個很有趣的現象。不論是主管熱心的給她意見，或對她提出問題，前輩都會回答：「對啊、對啊。」或「好、好！」

明明需要對話，但她的回答卻總是：「對啊、對啊。」

各位發現了嗎？

這兩位業務都很會「重複」對方說的話。他們就算被罵，也會重複說：「嗯，我還滿白痴的」、「對啊、對啊」輕巧的過招。

當然他們的語氣並沒有瞧不起對方的意思。

在這種輕鬆的回應下，罵人的主管反而無法再繼續說什麼了。

重點就是你要開朗、輕鬆的回覆。

最後，為了這兩個人的名譽，我再補充一下。那位男性業務跟前輩，在主管熱心的指導下，業績扶搖直上。

回嗆的修養

誠實面對自己的無知吧。這麼一來必定會有人願意親切的指導你。

——華特．迪士尼（Walt Disney，世上最著名的電影製片人）

2
「現在才幾點，你就要下班？」「對呀！」

過了下班時間，要回家或做其他的事，都是上班族個人的自由。當然，根據當天的工作進度，許多人會把工作做到一個段落才離開。不過在現代，有越來越多公司鼓勵員工盡量不要加班，只要做完份內的工作，就可以回家了。

儘管如此，卻有討人厭的主管會在你離開前「關心」你，讓人深感壓力。如果是問：「事情做完了嗎？」那也就罷了。如果他問的是：「才幾點，你現在就要走了喔？」讓人感覺很不好受，且有壓力。

若主管問的對象是個性認真又比較膽小的人，或許他就真的不敢回家了。

A員工今年二十六歲，他在一家大規模製造公司擔任業務。在進入公司的第四年，他被調到離市中心稍微有點距離的銷售據點。

某天，A結束了一天的工作，大約是傍晚七點左右，他站起身來把記事本收進公事包裡時，上司對他說：「你要走了哦？」讓他不自覺的回到位置。

因為隔天早上他要直接去客戶那裡跑業務，所以他原本打算提早回家，但被上司這麼一問，他只好重新打開電腦工作，過了一個多小時，等到主管下班後，才離開公司。

如果A反應夠快，或許可以說：「我今天有事要提早走。」或者隨機應變的說：「因為明天早上要直接去客戶那邊，所以想早點回家休息。」

但是他個性比較懦弱，再加上才剛被調到這裡，所以不敢有任何表示，只能把不甘心往肚子裡吞。

但是我們不應該這樣忍耐下去，不然只要有這種主管在，員工就得繃緊神經，一邊提心吊膽的注意時間，一邊工作。

在這樣的環境下工作，不但有壓力且令人討厭。

B今年三十歲。他在一間醫療相關的中堅企業擔任業務。這天他跟好久不見的大學同學約好下班碰面，因此計畫在六點半離開公司。

他非常期待這一天的到來，所以從好幾天前就安排好了工作的進度。

但是當下班時間一到，他說出：「那我先走了！」並起身準備離開時，主管卻說：「什麼?你要走了嗎？」

聽到主管的話，B心想：「他這樣問，是在暗示我什麼嗎?真是個討人厭的傢伙!性格真差。」除了停下腳步，他的臉部表情也都僵了。

雖然B非常生氣，很想問說：「都這麼晚了，課長還不下班嗎？」不過，畢竟對方是主管，不能就這麼跟他吵起來，因此他只能僵著臉，逼自己露出爽朗的表情說：**「對，我要下班了。」**

這麼一來，主管也露出驚訝的表情，只說了句：「是嗎?辛苦了。」接著，直到他踏出辦公室的大門之前，主管都沒有再說什麼了。

當對方問：「你現在就要下班了嗎？」時，你只要回答一句：「對啊，我要下班了。」就可以了。跟前一結提到的「對，我很白痴啊！」相同，**你只要有自信的重複對方的話就好**。

順帶一提，在銀座的俱樂部裡，公關小姐起身說：「謝謝招待。」並要離開時，經常也碰到客人說：「你要走了嗎？」

你認為這個時候應該要怎麼回答比較好呢？

比較沒人氣的公關小姐會露出很為難的表情說：「我怕趕不上末班電車。」較受歡迎的小姐會滿臉笑容的回答：「對啊，我要回家了。」而最受歡迎的小姐則會這麼說：**「你不想讓我回家嗎？」**這招實在讓人有點神魂顛倒。

回嗆的修養

人活在世界上的時間是很有限的。

——史蒂夫．賈伯斯（Steven Jobs，蘋果公司聯合創辦人）

3

上司的暴力質問，用反問來制止

C在製造公司上班，某次，C協助主管製作要在董事會上提出的資料。當他把做好的資料拿給主管看時，主管突然對他大吼：「要講幾次你才會懂啊！」讓他一時啞口無言。

像這樣，面對他人突然的吼叫，只會讓人感到莫名其妙，甚至有可能讓人身心受挫，像前面提到的「你是白痴嗎？」等，這種話根本稱不上是工作指導，而是職場暴力（power harassment）。

會說這種話的主管，通常都很情緒化，嗓門又很大，職場的氣氛常常被他破壞殆盡。

不過C的優點，就是他不會獨自一個人承受這些沒有道理的壓力。他決定邀請同部門的前輩喝酒，並把事情原委告訴他們，以找出解決方法。

前輩聽完C的事後，也分享一些經驗，例如這個主管以前也曾經對他大叫：

「要我說幾次你才聽得懂！」

「聽主管這樣講，讓人超生氣耶！我很想跟他說：『不然你一次把事情簡單扼要的說明清楚啊！』」

「前輩當初也沒有反駁嗎？」

「一開始有，可是每次我把報告交上去，他還是會說一樣的話，讓我氣炸了，所以有一次我就試著回嘴。」

「前輩說了什麼呢？」

「我就說：『喔……**那現在是第幾次呢？**』其實我真正想說的，是『不然你自己做啊！』不過畢竟他還是主管，不能太直接反抗，所以我就想，反過來問問看是幾次好了。」

我覺得C的前輩用的這招「裝傻反問對方」實在太厲害了。

這個方法就像我在序章所提到的，對於突如其來又令人討厭的話，可以故意裝傻用一些問題回應對方。

想必這位前輩知道主管講的次數是多少。因為，如果只發生幾次，一般人一定都會記得，反倒是主管自己一定不會記得自己到底說了幾次。這位前輩就是針對這一點，大膽且故意的裝傻反問。

或許有人會覺得，如果這麼做，會被認為是個性很差的人。其實你根本不需要這麼想，畢竟，你之所以會展開反擊，是因為有人不考慮對方的感受，先說了令人不愉快的話。

果不其然，據說這位主管瞬間露出了驚訝的表情說：「我怎麼會知道這種事！」接著就陷入沉默。

聽了前輩的經驗後，當C又碰到主管問他「要講幾次你才會懂？」時，立刻就回答：「現在是第幾次啊？」主管果然沉默了。雖然當下瀰漫著不愉快的氣氛，但是在那之後，主管就不再這麼對他說了。

當別人說了一些令人不悅的話時，你就裝傻回問，確認他到底講了幾次。當你在回應時，請用一種泰然的語氣。出乎意料之外，對方從此不再講同樣的話了。

我以前還在銀座上班時，資深的公關小姐會對沒什麼經驗的新人說：「我之前已經跟你說過了吧！」一般來說，多數人都會說：「對不起。」或是「你說得對。」來敷衍了事。可是這麼一來，下次還是會有前輩對她說一樣的話。

不過，我曾看過有人很巧妙的回應：**「你得跟我多說幾次，我才會聽懂。」**這句話的效果相當好。當下，資深公關小姐大概也覺得那個新人很有趣，於是苦笑回道：「還真是麻煩。」但是後來就不會再說什麼了。

這個說法可能比較適合女性，但是如果你被他人逼入死角，請務必把這招拿出來試試。

回嗆的修養

「要說幾次你才聽得懂啊？」
「五百次。」
——坪田信貴（平田塾負責人，著有《才能的真相》〔大是文化出版〕）

4
這樣回嘴，讓前輩的打壓落空

「電話要在響兩聲之內接起來」這種規定到底是誰決定的？

B小姐在公司裡擔任業務，她對任何人都能和顏悅色溝通，工作也進行的十分順利，唯獨不擅長接電話。據說每當她要拿起話筒，手都會不禁的定格。

B小姐之所以有這個問題，是因為某次一位女性前輩的關係。

當時她剛進公司不久，前輩對她說：「電話要在響兩聲之內接起來。」但實際上，她經常碰到很多通外線電話同時打進公司的狀況，讓她常常在電話響了第三聲時才接起來。

每次遇到這種狀況，就會被前輩警告：「快點接起來！」、「動作太慢了！」

某一天，她為了接電話，還從影印機前衝回到坐位，好不容易才趕在電話響完第二聲以前拿起話筒。但前輩看到她這副模樣，竟然大嘆了一口氣。

B小姐發現了這個狀況，便鼓起勇氣問這位前輩：「因為我剛才在影印資料，所以才會來不及。為什麼非得要在電話響兩聲之內接起來呢？」

沒想到，就聽到前輩說了這番令人不悅的言論：「這是社會上的常識吧！」相信不論是誰，只要被他人這麼說時，都會覺得整個人格都被否定，不禁感到憤怒。

B小姐想要這樣反駁：「不然你自己接啊！我剛剛在影印資料，怎麼可能來得及接電話！」最後還是咬著牙忍了下來。

話說回來，到底什麼是社會上的常識呢？

我的理解，是在組織中工作所必備的「成熟大人的心理準備與禮儀」。

如果是這樣的話，那麼創造出讓彼此感到舒適工作的環境與氣氛，也是成熟大人必備的心理。這樣看來，反倒是B小姐的前輩，不具有這樣的心理素質。

有關「社會上的常識」我再舉一個例子。

E小姐是派遣社員，她剛開始到一間大型貿易公司總務部上班時，有一位傲氣的年長女性員工走到E小姐面前，這麼對她說：「前輩跟妳說話時要站起來，站起來好好的聽對方說話！」

E小姐到這間公司任職後，才聽到這種說法，因此相當驚訝。當然，她知道部長或董事長來找她時，她本來就應該先站起來打招呼。不過，E小姐沒想到，在這間公司就連跟同階層的同事，也要這麼做。

為了確認這一點，她特別向其他前輩確認。而另一位前輩告訴她：「不用特別站起來啊，我們的公司沒有這種風氣，別擔心。」

現在E小姐清楚知道，那位年長女性員工在找新人的麻煩，於是E小姐準備發動反擊。

隔天，這位年長女性員工過來跟她說話時，她就坐著回答：「好的。」這時，對方加重口氣說：「妳怎麼沒有站起來！」她甚至用很生氣的語氣攻擊E小姐：「前輩對妳說話時，就要站起來！這是社會的常識！」

E小姐壓抑內心的不快，這麼回應：**「這個常識只有針對我嗎？」**

或許沒想到她會這麼回答，這位年長女性就沉默的回到了自己的座位。

我在銀座工作時，也見過很愛管閒事的人，只要看到新的公關小姐，總是用一種很討人厭的方式警告對方，搞得新人好像真的很沒常識一樣。當然大部分新人因為剛進來，被罵都只能選擇忍受。

不過，我也曾看過有一位新進小姐回應得非常漂亮，讓這種愛管閒事的人永遠的閉上了嘴。

她是這麼說的：**「你真的很在意我呢！」**

回嗆的修養

雖然這個世界上有「常識」和「沒常識」的說法，但我認為沒人跟我一樣有常識。問題是，這個社會根本沒有常識，所以反倒是我看起來很沒常識。

——北野武（電影導演、搞笑藝人）

5
稱讚他兩句，化解尷尬場面

一早到公司上班，卻被主管這樣講：「好像有股味道耶！」多少會讓人嚇一跳吧。因為他真正的意思就是「你有點臭」。

在保險公司擔任業務的H小姐，某天到一位幹練的女性主管面前，去做前一天的業務報告。但是主管對她說的第一句話卻是：「H好像有點味道……。」

H小姐大吃一驚，她有些緊張的想：「什麼！有味道？我身上有什麼臭味嗎？到底是哪裡有味道？是汗味？腋下？該不會是我的腳臭吧？難道我年紀輕輕就有老人臭？」

如果你沒自覺，但別人卻說你很臭，想必會讓你尷尬得說不出話來吧。

個性比較怯懦的人，大概只能說：「不好意思……。」最終不了了之；比較有勇氣的人，或許會問對方：「是哪裡臭？」確認味道的來源。不過一般人很難做到這個地步。

儘管驚訝又焦急，但H小姐還是壓抑住想對主管說：「妳突然這樣說，讓我很沒面子，真是過分！」的衝動，回答令人佩服的一句：**「妳的嗅覺好靈敏喔！」**

主管露出一副得意的表情說：「對啊，我的鼻子真的很厲害！」

既然對方露出了得意的樣子，接下來，H小姐在不破壞氣氛的情況下，較容易開口詢問：「是什麼樣的味道呢？」

當對方說的內容跟工作沒有直接關係，而是用感官所感受到的事情時，我非常建議你用帶有幽默感的方式回應。

碰到對方說你：很臭、頭髮亂七八糟、嗓門太大、手好粗、做的料理根本不好吃……你乾脆拚命的稱讚對方的嗅覺、視覺、聽覺、觸覺、味覺吧。

請你用幽默感去挑動對方的自尊心，假裝非常吃驚一樣，大大的稱讚對方。這才是有修養的回嘴。

話說回來，問了主管之後，H小姐才知道主管說的味道是大蒜。而且是只要靠近H小姐就會聞到。

的確，就算刷了牙，大蒜的味道還會殘留在身上，因為那個味道是從身體滲透出來的。而且麻煩的是，不管味道有多強烈，吃大蒜的人卻不太會有感覺。

吃的時候，不論大蒜有多美味，對沒有吃大蒜的人來說，就是一種臭味。也建議讀者，如果你跟別人約好碰面，最好在前一天花點心思，想想吃什麼比較好。

銀座的公關小姐們是不吃大蒜的。出場跟客人吃飯時，也會請客人避開有加大蒜的餐點。這也是為了避免讓銀座俱樂部被大蒜的味道包圍。

其實，在這世上嗅覺相當敏銳的人意外的多。不光是大蒜，從頭髮到腳尖，到處都有要注意的地方，因為沒人會想散發出會讓人不愉快的味道。

儘管如此，我們畢竟是人，身上難免會有發出味道的時候。當對方說你臭時，就狂稱讚他的嗅覺吧。若你知道味道的源頭後，只要下次就多注意點就行了。

回嗆的修養

從髮根到腳尖，一流就是一流。

——IKKO（日本時尚教主、美容專家）

第二章

後輩言語吃你豆腐，怎麼展現成熟大人的風度？

1
膨脹他的話
來對付他的暗示

一個你平常很照顧的後輩曾對你說：「前輩很可靠。」、「跟前輩說話，都讓我覺得很安心。」、「我想變成像前輩一樣的人！」

但在某天，他突然說：「感覺前輩像是變了一個人……。」想必會讓你覺得有些莫名其妙，也會想：「變了一個人是什麼意思？你為什麼會這麼說？」

性子很急的人大概會立刻這樣問：「我變得怎麼樣了？」但如果是個性比較認真的人，大概會這樣說：「你講的話讓我有些介意……是變得不好了嗎？」

大多數人碰到這種情況，一定會很在意，也想問對方，自己到底變成怎樣，或問自己做了什麼，才讓他這麼想。

產生這些想法，是非常自然的事。不過在你問他之前，請先等一下。

因為，你畢竟是他的前輩，應該要展現出身為前輩的從容，之後才不會衍生麻煩。在這裡，我先說一個故事。

故事主角是一位三十多歲在機械製造公司上班的男性。

這間公司裡，有一位時隔一年被調回總公司的後輩。某次他以一種稍微誇張並夾雜著幽默感的方式跟後輩說話，沒想到這位後輩竟然對他說：「前輩怎麼變了一個人了？」

在一年前，這位後輩曾經對他說過：「前輩好可靠。」、「我很仰慕您。」然而，後輩現在說的這句話，該男性聽了，覺得後輩在暗示自己不如以往可靠，他因此感到錯愕、困擾，也無可厚非。

那麼他是怎麼回應的呢？

雖然他很想回說：「什麼意思？我就是我啊，我什麼也沒變。」不過他卻面帶微笑的說：**「因為我就像每日商業套餐，每天都會不一樣啊！」**

我相當佩服這個回答。

人本來就有各種面向。平常上班總是很安靜的人，可能一離開崗位就會像個搞笑藝人一樣有趣；在工作上從不出錯的人，可能在日常生活上其實經常忘東忘西的；總是晃來晃去、看起來不太可靠的人，很有可能會突然做出讓眾人都很敬佩的決斷……。

我相信每個人都像這樣，具有很多種樣貌。而這位後輩只是不知道前輩這麼有趣、幽默的一面罷了。

說到這，我不禁想起，我在銀座工作時，曾有後輩當著客人的面對我說：「妳有雙重人格欸！」

我聽到的當下，雖然很火大，不過我這樣回應她：「哎呀，才不是呢！我可是多重人格！」

一聽到我這麼說，後輩和客人張著嘴巴，什麼話都說不出來。老實說，這位後輩經常親暱的叫我：「姐姐、姐姐」，在輔助我時，她也相當機警、活躍，所以我平時也很照顧她。

也因此，當她突然說出令人不悅的話，我感到非常生氣。可是，如果我用跟她相同等級的話來回擊她，那麼，我在別人眼裡就是「氣度很小的前輩」。

我認為，碰到這類的問題，對應祕訣就是對方怎麼說你，你再把他的話「膨脹」說出來。

這麼一來，你就會把後輩說的那些不好聽的話，拋到九霄雲外去了。

請回想前面舉的例子。有人對那位在機械製造商上班的前輩說：「你怎麼變了一個人？」他回答：「因為我每天都不一樣啊。」在銀座，後輩說我雙重人格時，我用「多重人格」來回應她。

這些回應都用了膨脹的手法。

你不覺得這種回應方式比對方還高招嗎？

回嗆的修養

越多越好啊，極簡太無聊。

——艾瑞絲・愛普菲爾（Iris Apfel，設計師、時裝指標）

2

他說話踰矩，你得先嚴肅製造緊張

工作時，如果後輩對你說：「你振作一點啦！」就算他沒有惡意，但被說的人會因為覺得被人瞧不起而火大，甚至想回他：「你幹嘛那麼自以為是？」對吧？尤其因為工作繁忙而感到疲倦，人容易出現較負面的反應，也容易冷淡的回應對方。

但是這麼做會破壞他人對自己的印象，所以要避免。首先，你得在後輩面前保持冷靜，深吸一口氣。可是，如果你自始至終都保持微笑、不說話，也會被後輩瞧不起。這時候你要顯示出身為前輩的從容，讓他沒辦法再說第二次。

一位三十多歲的男性A在時裝製造公司上班，他平常很照顧人。有一次他在會議室和後輩開會，會議才正要開始，就發現找不到需要的資料。

「真奇怪，我明明有帶著。」當他在自己的辦公桌跟會議室間來回尋找時，後輩卻對他說：「唉，真是的，振作一點啦！」

下一個瞬間，A立刻用很嚴肅的表情、加重語尾的語氣回應：**「你說什麼！」**

有些人或許會覺得這種說法很耳熟，事實上，這是日本連播十六年的超長壽人氣電視劇《相棒》中，主角杉下右京掛在嘴邊的口頭禪。

當後輩聽到這句模仿杉下右京的「你說什麼！」時，立刻陷入沉默。因為透過A說話的語氣，他一定發現了自己說了很沒禮貌的話。

這個說法或許有點強烈，不過並沒有什麼不好。畢竟他平常是一個很懂得照顧人的前輩，並非總是這樣說話。當後輩陷入沉默時，他立刻露出笑臉說：「你看我真是糊塗，不好意思啦。」

後輩看到A的笑容跟回答，立刻安心下來了。後輩說：「前輩每天這麼忙，難免會有點昏頭轉向的嘛！」竟然開始拍起馬屁。

我在銀座時，也曾經聽過後輩公關小姐對前輩說同樣的話。

比方說客人離開後，大夥回到更衣室換衣服，有的公關小姐找不到自己的衣服，因此有些手忙腳亂，再加上擔心趕不上末班電車，更顯得慌張。

她一面脫掉禮服，一面喊著：「找不到……我的裙子放到哪裡去了？」

此外，準備更衣回家前，每個人都一定喝了酒，就算酒量再怎麼好，多少會被酒精影響神經，因此，不管公關小姐平常看起來有多麼冷靜，這種時候也一定會有些心急。

後輩看到前輩這個樣子，就會說：「冷靜，振作一點！」一般的情況下，被這麼說的公關小姐會沉默下來，繼續翻找自己的衣服。

稍有人氣的公關小姐會說：「哎呀，我真的很笨手笨腳呢。」就算她再怎麼慌張，都還是用笑容回應。

至於最受歡迎的小姐，則這麼說：「我腦子裡的海馬體好像完蛋了啦！」聽到這般回答，即使她的動作很慌張，還是會讓其他人覺得她很從容。

事實上，後輩說的話其實也沒錯，如果要找衣服，冷靜下來比較好。當對方指出了事實，若你能用幽默來回應的話，就不會影響兩人往後的關係。

最後，後輩聽到前輩這麼說後，也只是笑著：「呵呵，小心別變痴呆了喔！」就回家了。

當有人跟你說：「振作一點！」時，如果你沒辦法馬上模仿杉下右京說：「你說什麼！」來回應，不妨帶著幽默感回答：「你看我真是糊塗，不好意思啦。」、「我腦子裡的海馬體好像完蛋了啦！」就可以了。

回嗆的修養

那麼，就讓我來模仿拯救世界吧！

——模仿師高高（遊戲《最終幻想V》的角色）

3
「你連這個都不知道嗎？」怎麼回應？

當你問後輩智慧型手機或電腦要怎麼操作，後輩劈頭一句：「前輩你連這個都不會喔？」這句話一定讓你很生氣吧。

因為這話就像在說：「你居然連這種事都不知道，真是白痴」一樣。如果是主管或前輩這麼說也就罷了，要是被後輩這樣說，人們特別容易感到憤怒。

與其說因不懂怎麼用而感到羞恥，還不如說是這樣的話語讓我們自尊心受傷。

對急性子的人來說，即使回嗆一句：「你說什麼！」或許無法消去心裡的怒氣，也無法從容說出：「你真厲害！」這種話吧。

如果是你遇到這種狀況，想說：「我就是不想被你這麼講啦！」來表達憤怒，也是相當自然的。

但是就算你心有不甘，還是請先冷靜下來，畢竟你是前輩。如果對方認為你在發脾氣，反而讓你更沒面子；若你很露骨的把情緒發洩出來，對方可能會覺得你太孩子氣了。

不過要你在這時候保持冷靜，也很難做到吧。

我在這裡給你一個重要的提示。

當我去一個地方觀光，假設停留時間很短暫的話，我會搭乘當地的觀光計程車。因為我是路痴，若在陌生的地方搭電車或公車的話，會不知所措。所以只要利用計程車，我就能很有效率的去每個想去的地方，此外，也可以從司機先生口中聽到一些只有當地人才知道的事情。

我某次搭觀光計程車時，發生了一件事。

我遇到的是一位二十多歲的年輕司機，當我告訴他想要去的地方後，他沒用汽車導航，而是熟練的用智慧型手機搜尋路線。只過了一會兒，他就把捷徑、小路和車況都查好了，決定好路線便出發。

我說：「動作真快，不愧是年輕人啊！」

他：「所以司機前輩都很疼我呢！」

我：「簡直就像公司的系統工程師一樣嘛！」

他開心的說著，前輩總是很親切的教他當地的歷史，所以他也會教前輩智慧型手機的用法。

但是有一天，一位五十多歲的大前輩問了一個非常簡單的操作問題，所以他脫口而出：「欸？前輩連這個都不知道嗎？」

我問：「那前輩怎麼回你？」

年輕司機：「前輩生氣的回答：**『只有這個不會啦！』**接著，他繼續說：『我只是剛好不知道這個怎麼用，你教教我吧！』這時候，我才突然發現自己剛才說的話有多失禮。」

從此以後，無論其他人來問的是多簡單的操作問題，他都滿臉笑容、很有耐心的仔細告訴對方。

我再舉一個我在銀座俱樂部看到的情況：有些客人會帶著年輕上班族前來店裡消費。有時，談到公關小姐不熟悉的話題，客人說：「既然妳是公關，怎麼連這種事也不知道？妳有在看報紙嗎？」

沒什麼人氣的小姐會啞口無言，什麼話也說不出來；稍有人氣的小姐會說：「哎呀，我剛好今天沒看報紙嘛！」而非常有人氣的小姐則帶著笑容說：「**糟糕，被你發現啦！**」就算是恰巧不知道客人所說的話題或資訊，也會大方承認。

此外，還有很多酒店老闆娘使用摺疊式手機，而不是智慧型手機。她們都說：

「有事傳簡訊就好啦，手機只用來說重要的事，這樣比較輕鬆啊。」

但她們對智慧型手機或者是社群網站的事就一無所知，所以客人常會對她們說：「酒店老闆娘連這種事都不知道嗎？」

遇到這種狀況，她們都會這樣回答：**「那你下次可以慢慢教我嗎？」**真不愧是老闆娘，用一句話就緊緊抓住客人的心了。

隨著文明利器的進步，人類的未來的確也變得光明了。但有些人沒辦法跟上這個迅速的潮流。而這個現象今後也會永遠持續下去。

即使是現在的年輕人，等過了二十年後，一定也會被後輩說：「怎麼連這種事都不知道？」到那時候，只要承認或是反問對方：「你可以教我嗎？」就好了。

回嗆的修養

歷史總是驚人的重演。

——黑格爾（Hegel，德國哲學家）

4
他人話中帶刺，你開朗回應讓他自慚形穢

「今天真是不開心。那傢伙根本就是瞧不起我！」

三十多歲男性K在一家鋼鐵公司擔任業務，某天他氣憤的推開俱樂部的門，出現在店裡。

原來，這天他和後輩一起去拜訪客戶，回程時就像平常一樣和後輩閒話家常，但後輩卻突然對他說：「前輩，你最近是不是有點得意忘形（過太爽）啦？」

我跟其他公關小姐跟他乾杯後，繼續聽K說：「拜訪客戶時，我和往常一樣呀，到底哪裡得意忘形了？我完全搞不懂怎麼會被這樣說。」

K為人相當親切，也很會照顧人，所以公司裡的後輩都很信賴他。正因為如此，也難怪後輩的一句話讓K這麼生氣、受到相當大的打擊。公關小姐們異口同聲的問：「你怎麼沒反駁呢？對他說：『你這話是什麼意思』之類的。」

這時候，鋼鐵公司的總經理兼業務部長N也到俱樂部，他三兩下就解決K的問題：「不必在意這種小事啦。那傢伙就是看你人太好了，你就讓他說吧！」

K：「可是我覺得很火大啊。我到底哪裡得意忘形了嘛？」

N：「一定是你在什麼時候表現的很囂張吧？哈哈哈！」

K苦笑著說：「真過分……。」

N：「你平時有多照顧後輩、多努力替他們著想，我都看在眼裡，周圍的人也很清楚，你就光明正大、抬頭挺胸的做自己就好啦！」

K：「可是那傢伙，下次一定還會再說我的！」

N：「如果真的又發生這種狀況，你就這樣回他：『**對啊，我就是這麼嗨！**』」

N真不愧是大家都很景仰的總經理，他總是面帶笑容，個性又好，許多部屬都很仰慕他，無論在公司或在銀座俱樂部都很有人氣。根據他的理論，K先生唯獨缺乏的就是幽默感。

N認為，如果部屬說了什麼話讓自己不開心，先別急著發脾氣，只要發揮幽默，用有趣的方式回答就好了。他還說：「如果你對別人太好，別人就會習慣你的好，認為你的好心是理所當然的。所以如果每次有人說你什麼，你便感到沮喪的話，那你跟部屬的上下關係就顛倒了。最好的方式就是用幽默感去回應他。」

我認識很多在不同企業工作的人。

就我接觸過的公司來說，K先生所任職的公司氣氛，可以說得上是數一數二的良好了。

而我也從這位堪稱君子的N身上學到許多道理，例如待人接物、與部屬或後輩的相處之道等。他嚴厲、正向且不失親切，唱悲傷的歌曲時，也不忘展現笑容。遺憾的是N前幾年離開我們了。而他的工作現在由K來接任。

有部分客人會於接待客戶以外的時間來俱樂部消費，公關小姐在接待他們時，多少沒那麼緊張。如果是常客，更覺得有安心感。

因為安心感，小姐會太過放鬆而一不小心喝酒喝太多。

雖然不會喝到走路都走不穩的程度，但有時會喝到講話口齒不清。這麼一來，就可能不小心說出奇怪的話。

看不下去的後輩公關小姐就會苦笑說：「〇〇姐，有點得意忘形囉！」也就是說，她們會替前輩拉警報，給她們一點提醒。

遇到這種狀況，如果是沒什麼人氣的前輩小姐，就會假裝沒聽到，自始至終毫無反應；稍有人氣的前輩小姐面帶笑容說：「不小心喝得太開心了！」非常有人氣的小姐則說：「因為我今天狀態超好的！」她一邊說著，一邊比 Yeah 手勢或對後輩拋媚眼。接著悄悄的靜下心，放慢喝酒的速度。

回嗆的修養

我就是這麼嗨！

——出川哲朗（搞笑藝人）

5
想占你便宜，還說你小氣？這種好解決

在製造公司上班的G找後輩一起吃午餐，G在吃完午餐後，只付了自己那份餐錢。他走出餐廳後，卻聽到後輩對他說：「前輩真小氣。」讓他驚得目瞪口呆。因為G過去多次請這位後輩吃午餐，因此G沒想到後輩居然講出這種話。我們也不難了解為什麼G這麼驚訝了。

的確，這次是G開口邀請後輩一起吃飯，不過他沒說「我請客」，所以後輩才說他小氣。就算只是開玩笑，還是令人很震驚。

對此，G只能努力擠出這句話：「小氣嗎……？」

無論是誰，被後輩說小氣，都會感到困惑，在那個當下，什麼話都說不出來。但事後回想，卻後悔當時沒說：「總不能每次都是我請客啊。」

難道身為前輩，就該每次吃飯都負責出錢嗎？

當然不是。

我們先不論一些比較特殊的行業，比方說，在日本搞笑藝人業界裡，有一種習慣是比較紅的前輩總是請尚未打出知名度的後輩吃飯，但是一般上班族卻沒有這種潛規則。

就算只是兩百日圓的咖啡，也有前輩會說：「那我們就各付各的吧！」和後輩保持距離。

一般來說，面對自己的後輩，你可能會想：「偶爾請他吃個東西好了。」這是非常自然的事情。不過畢竟你只是上班族，當然沒辦法一直請客。

不論什麼事情，只要跟金錢扯上關係，問題就變複雜。我認為跟金錢有關的事情，最重要的是要把話說清楚。

說到這邊雖然有點偏題了，我們現在來聊聊某間公司的故事吧，相信一定會讓大家都有所共鳴。

某公司的業務部有個慣例，第一次和某同事一起出去跑業務時，前輩要自掏腰包請後輩吃午餐。

無論是八百日圓的商業午餐，還是一千日圓的咖啡店套餐，前輩都得花自己的錢買單。前輩請客，後輩當然很開心，也會成為一生中寶貴的記憶。

漸漸的，下面這句話就成了這間公司的傳統，一直傳承給後輩們：「我只有今天會請客喔。因為我第一次跟前輩去跑業務時，他也有請我吃飯。」

我認為這是很好的傳統。一開始就告知對方，自己只請這次，那麼，之後大家一起吃飯，很自然就會各付各的，後輩也不會說前輩很小氣了。

接下來回到正題。

面對後輩說：「前輩意外的小氣。」你該如何巧妙回應呢？

在銀座的客人當中，有一位出身大阪、在某製造公司上班的部長，就有相當獨特的回應方式。

這件事發生在我和這位部長，以及部長的部屬三人一起到壽司店用餐的時候。當時部長已經喝了三杯生啤酒，有點微醺。

部長：「來來來，想吃什麼盡量點！」部長展現出大方的一面。

部屬：「那……我要鮪魚大肚和大蝦，還有海膽！」

部長：「好！師傅，麻煩來份鮪魚中腹和甜蝦、還有螃蟹！」

部屬：「咦？部長，我點的是鮪魚大腹、大蝦和海膽。」

部長：「不行！你要點鮪魚中腹、甜蝦跟螃蟹！」

部屬：「蛤……。」

部長：「蛤什麼！」

這位部長和部屬的對話實在太有趣了，讓我不禁笑了出來，不過下屬接下來說的話，卻讓我臉色發青。

「沒想到部長意外的小氣欸。」

我緊張的看向部長，不過他卻不動聲色，只是這麼回答：**「因為我在進行節約運動啊！」**一聽到這兒，我和那位部屬都噗哧的笑出來。「節約」這兩個字，很多時候都很好用呢！

回嗆的修養

小氣和節約是完全不同的兩件事。

——本多靜六（前東大教授、投資家）

第三章

應酬時常聽到的騷擾話

1
他嘲諷你的食量，就繼續吃給他看

聚餐時，有時我們會聽到別人對自己說：「你也太會吃了吧！」對此，我相信大多數人想反駁：「那又怎麼樣？」或許，你也會想回對方：「我吃得很開心啊，有哪裡不對嗎？」、「這不就證明我很健康嗎？」

再說，我們又不是搶別人的餐點來吃，明明吃得正開心，卻被別人這樣說，好心情都被破壞了。

看別人吃東西吃得津津有味，自己的心情也會變得很好。一起吃飯時，相較於看對方完全不動筷子，當然是大家吃得很開心，席間的氣氛才會比較愉快。

如果這個人是說：「看你這麼會吃，我也很開心。」那就罷了，但假設對方的語帶嘲諷與玩笑，聽者會感到十分不舒服。

我身邊許多身材纖瘦的朋友都異口同聲的說，每當有人把他們說的像大胃王一樣：「真會吃耶！」他們都覺得很受傷。

如果連很瘦的人都這麼覺得了，更別說一般人聽到這句話，會有多難受了。要是聽的人很在意自己的身材，想必他會更加消沉。

「你的意思是我明明這麼瘦，為什麼還這麼會吃嗎？」

「那是因為你吃太少了吧！」

以前我曾經見過一位很強勢的人這麼回答。不過在他說完之後，卻被當成是一個缺乏幽默感的人，當下的氣氛也變得很差。

請記得，畢竟是喝酒吃飯的場合，如果你很認真的反駁對方，只會讓自己更不愉快而已，所以最好的方式就是四兩撥千金、不要正面回應。

過去我曾經參加過一個酒席，當時一位三十多歲的女性被別人說了很會吃，她用一個很棒的回應方式：**「我就是比較沒女人味嘛。」**

其實這位女性跟「沒有女人味」根本搭不上邊。不論是誰看，都覺得她非常有魅力。然而她卻刻意表達出「與其展現魅力，還不如展現食慾」，並藉此做出反駁，這一招真的是讓人佩服。

說她的人也不禁停下手中的筷子，一臉尷尬的表情，開始和隔壁的女性搭話，彷彿剛才自己什麼話也沒說的樣子。

這讓我不禁想起日劇《派遣女醫X》裡面的女醫師大門未知子。

這部日劇近年來非常受歡迎，在二〇一七年的連續劇類節目中，拿下了收視率第一名的寶座。

由日本演員米倉涼子飾演的主角大門未知子醫師，不僅裝扮時尚，發言又很直率，獲得廣大觀眾的共鳴。許多觀眾看了都覺得很暢快。

大門醫生一看到美食，就會把所有的事情拋諸腦後，盡情的埋頭大吃特吃。她一看到燒肉，便大喊：「吃肉啦——！」那副模樣，連女性看了都覺得她既可愛又有魅力。

我想，大門醫生就算遇到有人說：「妳好會吃哦！」或許她也會用像那句知名臺詞：「我從不失敗！」一樣的語氣，說：「因為我沒有魅力吧。」

如果你還沒看過《派遣女醫X》，務必找時間去看。不僅劇情十分有趣，看了也會讓你感到很痛快。

把話題拉回來，我在銀座俱樂部也會遇到這種事。有時出於客人的好心，公關小姐也會和客人一起享用水果或巧克力。如果吃得太盡興，就會被客人說：「妳也太會吃了吧！」

這個時候，沒人氣的小姐說：「真不好意思，因為我剛好肚子餓了。」有人氣的小姐會說：「食慾比魅力重要嘛。」而擁有極高人氣的小姐則說：「甜點就是我的燃料啊！」接著還會說：「我現在充滿精神了，謝謝您的招待！」

當然，在隔天她還會傳簡訊給客人以表感謝。

當遇到有人說你：「還真會吃耶！」時，試著想成「與其展現魅力，還不如展現食慾」，或是像大門醫生一樣回答看看吧。

回嗆的修養

「比起去聯誼、找對象結婚，我倒想吃豬排。」

大門未知子（《派遣女醫X》女主角）

2
當自己的身材被拿來話題

有很多女性都相當在意自己胸部大小。

有些胸部小的女性很羨慕胸部大的人，所以如果有人說她胸部很小，內心就會很受傷。尤其別人說「小」時的口氣，給人感覺就像在說一件不好的事一樣，更讓人難受。

人在喝酒之後，往往斷了理性。在聯誼或是喝酒聚餐的場合，剛開始的緊張感以及理智都會被酒精消滅，有些人因此變得口無遮攔。

「妳胸部好小喔！」會這麼說的大多數都是男性。因為，就像男性不會對男性說：「你怎麼頭髮這麼少？」一樣，女性也不會把同性的胸部當作話題來說嘴。

當然，女性的魅力並不是由胸部大小來決定。

如果你強悍一點，說不定可以反駁說：「竟然用胸部大小來評斷女性，看來你的眼界也很狹隘。」

但是如果認真反駁，會讓當下的氣氛變差，所以很多人都會選擇沉默。

我來介紹幾位女性出招反擊「講話白目、不經大腦的人」的故事吧。

個性直率的T在聯誼時，遇到有人說她「胸部很小耶」時，她會立刻轉移話題內容：「明明是啤酒，你還小口小口的喝，真小家子氣！」

說完她就大口喝完啤酒，再大大的「啊！」一聲，用力的把啤酒杯放桌上。

另一位是身形纖長的S，她曾遇到某人一臉認真對他說：「妳完全沒有胸部耶！」S淺淺的露出笑容回答：「因為我是男的。」

對方驚訝的問：「真的假的？」

她答：「真的！」

那位男性聽到答案後，傻眼、不知如何回應。我認為這個回答實在是太棒了。

無論是T或S，其實她們都對自己的胸部大小感到很自卑，也有不少在酒席間被別人的話傷害的經驗。

她們覺得很不甘心也很悲傷，於是平常就找些能以牙還牙的反駁法，最後使出了這兩招，據說都相當成功。

在銀座俱樂部，也有一些講話不經大腦的客人會對身材很骨感的小姐說：「妳的胸部也太平了吧。」由於當下並沒有人在聊身材，突然被別人這樣說，確實會讓當事人嚇一跳。

如果是沒什麼人氣的小姐，會強顏歡笑的說：「討厭啦，你又沒看過。」但臉上仍難掩吃驚的神色。之後她面對客人，就會變得有點消沉；如果是有人氣的小姐，就會故意說：「居然特地指出來，其實你喜歡小胸部吧？」也有一些前輩小姐會替那些被說沒胸部的小姐找臺階下：「你的視力還好嗎？這可是我的後背耶！」這麼一來，客人也啞口無言了。

這招就是調教力，也就是我們在序章裡提到的「矛」。當你這樣反駁之後，對方便無法再說些什麼。

不過再怎麼說，這都是喝酒場合碰到的狀況。如果對方仍然糾纏不休的話，我建議你乾脆一點，直接這樣告訴他：「警察要來逮捕你了！」

就算是俱樂部的公關小姐，也有很多女性對自己的身形不滿意，而感到自卑。面對那些說話白目、不經大腦的客人講一些讓女性會很介意的話，如「妳屁股好大」、「腿好粗哦」、「妳有蝴蝶袖喔！」等，很有人氣的小姐都會爽朗且迅速的說：「你這樣講，就要被警察逮捕了哦。」

回嗆的修養

以牙還牙，加倍奉還！

——半澤直樹，日劇《半澤直樹》主角

3
「你就是這樣才會交不到男（女）朋友啦！」

在喝酒聚餐的場合，大家都會聊到戀愛話題：「最近交女朋友了嗎？」、「妳有男朋友嗎？」、「你們交往多久了？」、「什麼時候結婚？」

尤其是對單身者來說，這些問題就像飛箭般不停的射過來，麻煩又避不掉。

如果是熱戀中的人，或許不會感到為難，反而會爽快的直接回答，甚至會秀出兩個人的合照，讓話題更加熱絡；對沒有另一半的人而言，這就是一段令人生羨的時間了，只要那些有交往對象的人不是過於晒恩愛的話，或許單身者聽了也會覺得津津有味。

但這個時候，總是會出現一些講話白目的人，這種人一出招，立刻就會讓人的心情陷入谷底。這種欠缺同理心的人不但令人討厭，還難以招架。

一位單身多年的男性E曾經在公司的聚餐上提過：「如果有合適的對象，請介紹給我喔！」因為他快四十歲了，似乎為此相當煩惱。

一位女同事問他：「你喜歡什麼類型的人呢？」他便認真的開始談起自己喜歡的類型。但是這時候，某位前輩竟然說了：「就是這樣你才交不到女朋友啊！」

E感到相當錯愕而說不出話來。他認為再怎麼樣，前輩也不必講這種話。而且因為有人先問他喜歡的類型，所以他才回答。

如果對方是說：「要求是不是有點高啊？」也就算了，但是他卻用一種完全否定E的口吻說：「所以你才交不到女朋友！」實在很讓人受傷。

如果遇到這種狀況，當下你可以回答：「就是因為我理想太高，所以真的很煩惱。」就好了，但是我相信，即使當事者這麼回答，還是覺得很不甘心。再說，理想高又不是一件壞事。

不過就算你鼓起勇氣回嘴：「你這樣講太過分了吧？」還是有可能會演變成吵

架的狀況。有些人酒過三巡，自制力變得非常弱，所以這種時候要特別注意，別引發爭執。

既然如此，我們可以反過來稍微借助這樣的機會（喝酒的場面），你要稍微強勢一點，痛快的回答：「我明明就有交過好嗎！」我想，在你說完後，應該會覺得身心舒暢吧。

如果是已經單身很長一段時間的人，也可以這樣回答：「我只是現在剛好沒有另一半，但我以前有交往對象。」

這麼一來，就是在告訴對方：「我有跟異性交往過！」

J已經單身大約十年了。她雖然有點任性，但是位非常可愛的女性。不過在喝酒之後，她任性的那一面便一覽無遺。

所以經常有人對她說：「妳就是這樣才會交不到男朋友！」

每到這種時候，她總是會回答：「我曾經交過，好嘛！」

通常聽到這裡，對方都會吃驚的看著J，這時候她會再給對方一擊：「我交過男朋友啊，所以這跟交不交得到男朋友有什麼關係咧？」這麼一來，對方就什麼話也說不出來了。

近幾年的社會風氣已經不同以往了，如果你問：「你有男（女）朋友嗎？」讓對方感到不愉快，就算性騷擾。

實際上，這種事卻經常發生在我工作的俱樂部間。

在銀座俱樂部裡，常有客人問公關小姐這類問題。對她們來說，這已經跟打招呼沒什麼兩樣了，大部分的小姐都懂怎麼應對。

但是因為喝了酒，就算對方是客人，當他說出：「妳就是這樣，才會交不到男朋友！」還是有小姐因此感到憤怒。

這種時候，不太受歡迎的小姐大都會怯弱的回答：「我大概一輩子都不會有另一半吧……。」稍微受歡迎的小姐會說：「我之前有交過啊！」強調只是現在沒有男朋友而已；非常受歡迎的小姐會回答：「哪裡有好心人可以來把我帶回家啊？」

當你聽到「就是因為這樣，你才交不到男（女）朋友！」的時候，不妨強悍的回應吧。

就算不曾有過交往對象，你也可以故意說：「但我之前有交過啊！」來反擊。或試著反過來跟對方說：「那你幫我介紹個適合的人吧！」

回嗆的修養

懦弱使對方更強勢，懦弱會被強勢壓得死死的；強勢能壓制懦弱，強勢能戰勝強勢。

——星野仙一（前日本職業棒球選手、教練）

4

說話被潑冷水，用一句堵死他的臭嘴

在公司或好友聚餐的席間，當你為了炒熱氣氛而找話題時，卻有人潑冷水：「根本不好笑，有夠無聊！」想必你會很氣憤。

如果是像搞笑藝人那樣被吐槽，然後大家一起爆笑，場面至少還算熱鬧，但如果對方一臉嚴肅的這麼說，只會讓當下的氣氛降到冰點。

再加上，被人當面破壞興致，對當事人而言，簡直就是一種恥辱，當然會讓人生氣。

說不定你還會想說：「既然你這麼說，難道你自己就很有趣嗎？」

如果你的地位沒有對方高，或許你會當場道歉：「不好意思。」如果是同事或朋友，你可能會這麼回覆：「拍謝啦！讓場面這麼冷！」

不過這麼一來，可能又有人會說：「你在鬧彆扭哦？」、「齁，不要理他了啦！」之類的。

既然你要反駁，若被別人認為你是個愛鬧脾氣的人，反駁就沒有用了。而且如果你顯露出太明顯的反抗心理，也會讓人覺得你是個很無趣、愛計較的人。

在這之前，我們要想辦法像蜜蜂一樣刺對方，同時，要做得讓周圍的人都心服口服。

S在一個女性員工居多的職場工作。

在一次公司聚餐時，他事先準備很多與料理相關的話題，在席間也不時替女性同事們取用料理，所以女性們晚上充滿笑容，似乎是很樂在其中。

但是坐在他斜前方的男前輩，卻突然一臉認真的對他說：「你真的很無聊耶！」在場的每個人瞬間安靜，當下氣氛變得尷尬，S就說：**「因為我是跟前輩你學的啊！」**

前輩驚訝的指著自己：「什麼？我？」像是想掩飾自己的尷尬，他說：「真是莫名其妙……。」並一邊將料理送進口中。

在場的女同事們全都哧哧的笑了起來，大概是因為看到S優雅的回擊，感到很痛快吧。相信表現如此冷靜的S，在公司裡的評價一定提高了不少。

S跟我說：「我其實想講的是：『前輩，你有資格說別人嗎？』不過如果真的這麼說的話，大概會吵起來吧。我想起以前曾經在書上看到的鏡像法則，所以就用這招來對付他了。」

我在銀座偶爾也會看到有些客人喝酒之後，就對著正在說話的小姐說：「妳講話真無聊！」

這種時候，沒人氣的小姐會認真的道歉：「真抱歉。」雖然這麼做也什麼不好，但如果道歉之後，話題無法延續，反而更加掃興。這對一個公關小姐來說，並不是個好現象；頗受歡迎的小姐儘管覺得不甘心，但還是會露出笑容，正面回答：「我會請其他前輩教我怎麼說話！」這麼一來，客人也會稍微滿足的說：「對、對，就是要這樣。妳要多跟○○學習啊！」接著開始提起其他較有經驗的人氣小姐；至於很有人氣的小姐，因為本來就相當擅長傾聽和對談，所以幾乎不會有人對她們說這類的話。儘管如此，多少還是會遇到在接待客人時，無法炒熱氣氛。

公關小姐會隨時留意客人的神情，當客人露出一臉無聊的樣子，她們會馬上察覺，這時，她們會打開話題：**「您最近有遇到什麼令人不爽的事嗎？」**

當客人反問：「妳說我嗎？」時，她就會這麼回應：「對啊，**因為您看起來脾氣很好**，應該很少有這種不爽、想發火的時候吧？」

接下來，就可以從客人口中聽到各種會讓人覺得有趣故事了。

回嗆的修養

如果眼前的事物很無聊，想必是因為有一個讓這件事很無聊的自己。

——村上萌（Lifestyle 製作人）

5
失禮提問，玩笑回應

突然說別人年紀大，是一件非常失禮的事，講這種話的人也很沒禮貌。就算因為喝酒而口無遮攔，說出這種話仍很不得體。

指著他人說：「欸，你年紀很大。」到底想表達什麼？

三十多歲的L某次去參加聯誼，坐在她正對面的四十歲男性對她說：「從外表來看，妳年紀還挺大的嘛！」L當下感到非常不愉快，而且心裡相當受傷。

L雖然早有預期自己會是參加者當中，年紀最年長的，但是初次見面的男性突然對她說出這種話，還是會讓人有疙瘩。

L後來跟我講這件事，她說：「當時那個男人問我：『妳今年幾歲啊？』我當下有點遲疑，接著他就說出這種話了。因為我太不甘心了，所以故意少說五歲。」

L表示，她只要一想到當時談話內容，就吃不下任何東西，也感到十分的不甘心。

同樣身為女性，我非常了解這種心情。貿然對女性說：「妳年紀不小了吧！」實在很過分。

我經常去一間法國料理店吃飯，那邊的女店長曾說：「為什麼大多數日本男性在第一次見面時，就想知道女性的年齡呢？年紀到底能判斷什麼？」

歐美人幾乎不會問初次見面的女性到底幾歲。

在歐洲普遍都會認為，越經歲月的磨鍊的女性，越有各種豐富的經驗。尤其是法國，在將女性視為戀愛對象時，年齡絕對不是考量的條件之一。

不過話說回來，這裡畢竟不是歐洲。有許多女性經常會因為年齡的事而受傷。

在公司的歡迎會上，一位許久未見的男性前輩問R：「對了，妳幾歲啊？」所以她就老實的回答了。沒想到前輩竟然回她：「從外表來看，我還以為妳年紀更大呢！」、「其實妳年紀不小了吧！」讓R十分的憤怒。

不過因為她個性很好強，因此她就這麼反駁：「所以你是覺得我很老哦？明明你比我更大，應該沒資格說我吧！」

這兩個人的個性都很衝動，屬於想到什麼就說什麼的人。因此我們也不難想像，他們的對話之後演變成一場戰爭。

不論是誰都希望自己能看起來年輕。

雖然你不必因別人說一些失禮的話，而感到意志消沉，但是如果因此和對方吵起來，只會讓自己感覺更不愉快罷了。

那麼我們究竟該怎麼做呢？

這時候，請你務必要參考銀座公關小姐們巧妙的回應方式了。

有很多客人會仗著喝酒提升氣勢，對公關小姐們說：「其實○○滿老的吧！」沒人氣的小姐聽了之後，氣到什麼話也說不出來；稍微有人氣一點的小姐會說：「哎呀，您還真不會看人呢。」而非常有人氣的小姐則說：**「真是的！您是老花眼嗎？」**

我認為，只要像很有人氣的公關小姐一樣這麼說，之後就沒問題了。

女性只要夠年輕，就能把年齡當作武器，在同性的眼中，也認為年輕的女孩子很可愛。

但如果妳能將過去累積的經驗，轉化成人生的養分，成為一位讓年輕可愛的女性認為「我想成為像妳一樣有氣質又成熟的女性」，那不是一件更棒、更了不起的事嗎？

至於那些依年齡來評斷女性的男性們，我期待有一天你們可以領會，女性累積了許多歲月和經驗後，所散發出來的美麗與堅強，有多麼耀眼。

回嗆的修養

「要成為老太婆可不是一蹴可幾的。」

——綾小路君麻呂（日本相聲家，搞笑藝人）

第四章

與其他家長的言語互鬥

1
妳為什麼
不去工作啊？

有些孩子同學的媽媽會對他人說：「妳怎麼不去工作啊！」相信很多人會想：「也太愛管閒事了吧。」

如果彼此感情還不錯，那也就算了。要是認識沒多久，對方就說這種話，實在讓人很不愉快。

畢竟每個人的情況有所不同，有的人不需要外出工作，有的人可能因為家裡有某些狀況而無法工作，不論如何，我們都沒有必要聽別人為此說三道四。

再者，每個人都有不想要他人介入的部分。說得更直接一點，或許有人可能本來就不想工作，要是想工作，自然就會出去工作了。我猜，這類的人或許很想說：「幹嘛管我那麼多。」

大約十年前，以當時日本社會風氣來說，是不會有人突然問別人要不要去工作。雖然那時候開始出現女性即使結婚、生小孩，也不會離開職場，但還是有不少的全職媽媽。

不過近幾年來，職場媽媽卻變得非常多。家長會先帶小孩去幼兒園，然後上班；有些人則是在小孩進入幼稚園和小學後，又出來兼差工作。從這幾年許多家長想盡辦法爭取幼兒園入園名額，就能看出社會上有很多母親出來就業。

在現代，「媽媽外出工作」已經形成一種社會風氣。正因為如此，當全職媽媽聽到有人說：「妳為什麼不去工作？」她們都會覺得自己似乎被社會大眾嫌棄，心裡隱隱作痛。

實際上，在小孩子去幼稚園或念小學時，日本媽媽最大的煩惱就是和其他家長之間的關係和溝通。尤其，當全職媽媽被很多家長問：「妳為什麼不出去工作？」時，她們往往感到十分鬱悶。

我非常理解她們的心情。過去，我仍是全職媽媽的那段時間裡，經常有人對我提出這類的問題。那時候，社會上已經有很多職場媽媽，因此我在被問的當下，不知道該怎麼回應才好。

只要下定決心，或許可以隨時出去工作，但是每天做家事和照顧小孩，就足以讓我精疲力盡了。

然而，我成為單親媽媽之後，為了生活不得不出去工作。重新進入職場後，我懂了兼顧工作和家庭的嚴苛。不過克服了那些嚴苛的狀況後，我終於從這樣的生活中，感受到成就感以及工作的喜悅了。

不管是全職家庭主婦或職業婦女，都有辛苦和可敬之處。

我認識一位家庭主婦，每當有人對她：「妳又沒有另一個更小的（孩子），為什麼不出去工作呢？」她都會用強勢的語氣說：「我又沒有必要去工作！」結果，她和對方的關係變差。

之後，只要她參加家長會，都覺得跟其他家長互動時，氣氛尷尬。個性比較內向的人，會不知道該怎麼回嘴才好，結果只能默默承受他人的言語攻擊。

我最近遇到某位女性，她這樣回答對方：「**所以我家總是非常乾淨啊！**」我覺得這個回答非常的棒，各位讀者可以學起來。

她過去是一位非常精明幹練的職業婦女，不過她真正的夢想是成為家庭主婦，在家相夫教子。因此只要有人問她：「妳為什麼不去工作？」她便堅決的回答：「**因為我想要把家裡照顧好啊！**」

這種想法跳脫了現在社會既定印象，並且活用了家庭主婦的長處，我認為是最好的反駁方式。

據說聽到她這番回覆，對方也只會摸摸鼻子說：「妳說得沒錯……。」之後就不會再繼續挑毛病了。

當然，這並不是說職業婦女的家裡會很髒亂。這個世界上也有很多人能一邊工作，一邊維持家裡整潔，也有人即使沒工作，也不打掃環境，家裡亂成一團。

重點是，若你遇到這種愛管閒事的家長，請試著跳脫既定印象，用對方「想不到的方式」去回答，這麼一來，對方就會閉嘴了。

回嗆的修養

我認為這個世界上沒有任何一種工作，比家庭主婦的工作更辛苦。

——黑柳徹子（演員、主持人）

2

沒同理心的關心，怎麼讓他閉嘴？

當單親媽媽跟孩子同學的家長聊天時，對方不經意的一句：「○○沒有爸爸，真是可憐！」肯定讓單親媽媽的心情差到極點。

為什麼會成為單親媽媽，每個人都有不同的原因和理由。若不了解事情的真相，就別輕易說出這類不負責任的話。

很多時候，他人隨口說的一句話會對當事者造成衝擊，有些人甚至會無法重新振作起來……再加上，對方說的是自己的小孩，更會讓當事者消沉且自責。

對於心思細膩的人而言，可能會因為當下太受打擊而說不出話；如果是性格比較好強的人，可能會說：「一點也不可憐啦！」但這樣很有可能會被認為在逞強，所以隨著時間的過去，當事者會感到越來越不甘心。

但是為了保護自己的孩子，這種時候絕對不能保持沉默。

「沒有父親＝很可憐」根本就是一種偏見，只要孩子跟著媽媽過得開朗而有活力，那麼根本不需要感到自卑。

妳只要抬頭挺胸，拿出自信、做好自己就好。

我自己不只一次遇到孩子同學的媽媽對我說：「孩子還這麼小，沒有爸爸陪在身邊，好可憐喔！」每次聽到這話，都讓我感到很心痛。一想到孩子沒有爸爸陪伴，一定感到很寂寞，我心裡就充滿了對孩子的歉意。

但，就我的經驗而言，如果對孩子投注雙倍的愛情，並且每天都和孩子充分的培養感情，就不須擔心了。孩子都是看著大人的背影，成長為一個有為的人。

單親媽媽M每天都為了工作和小孩而努力。某一天學校的活動結束後，M在校園裡遇到另一位家長，她竟然對M說：「〇〇沒有爸爸，可憐哪！」那時候她面帶笑容，堅強的回答：「無問題！」

她說的無問題，出自日本搞笑雙人組「九十九」成員岡村隆史所主演的日港合作的電影《無問題》。

無問題（廣東話，發音是 mo man tai），這個詞的意思是沒問題，也就是英文的「No Problem」。

在電影中，由岡村隆史飾演的大二郎收到建議：「無論別人說什麼，你都只要回答無問題就好。」因此，即使在語言完全不通的香港，他也以一位電影特技演員的身分大大的活躍。

這部電影的內容非常獨特，看了會讓人獲得滿滿的勇氣，我非常喜歡。

據說M不管對方知不知道這部電影，只要有人說出：「孩子沒有爸爸，真可憐！」她就會回答：「無問題！」

如果對方問：「妳在說什麼？」M就會告訴對方：「就是 No Problem，沒有問題的意思啦！」

這麼一來，對方以後也不會再說什麼了，真令人痛快。

銀座的公關小姐當中，也有人是單親媽媽。當然，要不要對客人說這種事，是公關小姐個人的自由。

在我工作的場合裡，有一位小姐曾告訴客人自己是單親媽媽。她總是開朗的說著有關自己孩子的話題，因此相當受到歡迎。

但是有一次，一位客人就對著她說：「還是趕快去找個好人家吧。小孩子沒有爸爸實在很可憐，妳也很不幸。」

這位公關小姐忍著不甘，向對方答道：**「我就是因為要變得更幸福，才成為單親媽媽喔！」**之後，這位客人還這麼說：「她如此的正向，讓我好佩服！」

我想補充一句，「離婚＝不幸」也是一種偏見。如果離婚是經過深思熟慮後的結果，我相信那個決定就不會讓人不幸。

因為，這是有了「或許在經濟方面可能比較辛苦」的覺悟後，選擇「心理上較為富裕」的選項啊。

回嗆的修養

沒問題！不要緊！

——伊諾克（遊戲《幻境神界：大天使的崛起》〔*El Shaddai*〕主角）

3
他講八卦找優越感，你得冷淡回應

和小孩同學的家長打交道，是一件很辛苦的差事。

現實生活中確實就是會遇到這種人——什麼事情都馬上跟你說，也就是所謂的打小報告。這或許是跟其他家長來往時，最常發生問題的狀況了吧。

當然，其中也有為了對方著想才私下告訴當事人，屬於忠告。

不過，一般來說，忠告是建立在彼此有良好的感情和信賴關係之上，這時候對方應該會站在「他才不是這樣的人」的立場，並認真的為你辯護。

但很遺憾的是，大部分的狀況都不是這樣。很多時候，對方就只是愛講八卦、打小報告而已。「欸，那個人說你……」他們在午餐或下午茶席間，又或者是校園裡，出奇不意的說著。

這種情況令人感到不舒服且棘手。

畢竟對方突然冒出這樣一句，使聽到的人內心受到動搖，大部分的人或許會接著問：「咦？真的嗎？是誰說的？」

但**如果你繼續追問，是相當危險的一件事**。

你不能輕易的相信打小報告的人，更準確的說，你應該要特別注意的會打小報告的人。這種人比誰都喜歡講八卦和別人的壞話，他們會過度解讀任何事，本身就是一個麻煩製造機。

如果你回答：「沒想到那個人竟然這樣講我，太過分了！」打小報告者會在這個瞬間，得到至高無上的優越感。接下來，他還會「同仇敵愾」，跟你一起批判那位「說你壞話的人」，甚至開始批評其他家長，說其他人的壞話。

但這麼一來，你就會被捲進說壞話的漩渦裡，甚至還有可能引發爭端。

K的孩子還在上幼稚園，她在接小孩回家前，都會和其他家長一起喝下午茶。

有一天，一位媽媽突然對她說：「○○的媽媽，有人說妳壞話喔！」

K非常的震驚，接著問：「說了什麼？」、「什麼時候說的？」企圖弄清楚為什麼有人會這樣講自己。

結果從一句「真的很過分耶！」開始，話題的焦點轉到「說K壞話」的另一位媽媽身上，甚至連其他跟那位媽媽感情不錯的家長，也成了批評的對象。結果，下午茶就成了八卦與說壞話的時間。

但可怕的是，這根本就沒有終止的一天。當天一起喝茶的某位媽媽，只不過說了一句：「真的很過分耶！」沒想到，過了幾天後，這位打小報告的媽媽，卻把這件事加油添醋，告訴了那位本來「說K壞話」的媽媽。

我相信，不論是誰碰到這類的事情，都會非常困擾。

遇到這種很愛造謠生事的人，最好的處理方式就是擺出「絲毫不為所動、完全不在意」的態度，只要說一句：「是嗎？謝謝你告知。」就好了。

就算你很在意，也要努力的做出不在意的樣子。

或者，如果你能鼓起勇氣說出口的話，也可以反問對方：**「那你有幫我反駁他嗎？」**這招相當有效，因為這句話包含了「你一定會替我說話，對吧！」的意思，所以愛打小報告的人，往往會不知道怎麼回答。

當然，這招並不侷限於家長之間的應對，也可以用在公司的同事或朋友之間。會間接傷害到別人的人，不是真正的朋友，頂多只能說是認識的人。

順帶一提，在銀座的公關小姐當中，也曾經發生過類似的事情。

沒人氣的小姐會追問：「他說了我什麼？」明顯透露出她很在意；頗有人氣的小姐則是毫不動搖，反而露出笑臉說：**「是喔。謝謝你告訴我！」**

回嗆的修養

不要逆流而上，但是也不要被牽著鼻子走。

——弘世現（前日本生命保險社長）

4

你為什麼
不當幹部呢？

因為學校家長會幹部而引發的問題，讓人忍不住搖頭嘆氣。

在日本，每到了新學期，學校會舉辦座談會，來決定各班級的家長會幹部，因此四月（按：日本的新學期從四月開始）對家裡有幼稚園或是小學生的家長來說，是最恐怖的。

如果有人自願自發的舉手說：「讓我來擔任幹部吧！」那麼，事情就能進展迅速。但大多數人都怕麻煩，所以這種事就跟等奇蹟發生沒什麼兩樣，就連某些非常開朗、愛說話的媽媽，在這種時候也都低著頭沉默不語。

整間教室一陣靜默。我想，只要是有小孩的女性，一定都曾經歷過這種特殊的氣氛吧。最後家長們可能用猜拳決定，也可能花了好幾個小時，還是決定不了。

「有沒有人願意擔任呢？」當班導師眼泛淚光這麼問後，終於出現了一位媽媽鼓起勇氣，自願擔任家長會幹部，這時大家才獲得了解放，得以回家。

但偏偏在這種時候，一定會出現那種「雞蛋裡挑骨頭」的家長，一有她看不過去的地方，就會開始大肆抱怨。

F有兩個小孩，老大是男孩子，念小學三年級，老么則念幼稚園。據說，老么班上的同學家長決定由誰當幹部之後，前一年擔任幹部的人就在走廊上攔下F：「妳為什麼不當幹部？」對方強勢的態度，讓F感到害怕，嚇得全身發抖。她費盡一番力氣，好不容易才回答：「我現在……真的不太方便。」

咄咄逼人的質問一個文靜內向的媽媽，這種行為已經接近恐嚇了。

另一方面，如果班上有很多愛找碴的媽媽，那就不會只有沉默，嚴重的話，可能會引發爭執：「應該讓從來沒當過的人出來當啊！」、「我也不是想當才自願當的好嘛！」、「平常工作只是兼職而已的話，可以去換班，時間調整一下就好了吧！」這類的媽媽強勢而激烈的爭論，就像老虎或獅子在怒吼一樣。

最後，有的人會指名道姓的攻擊：「〇〇，妳為什麼不當幹部呢？」

就算被指名的那人一邊發抖、一邊訴說自己的苦衷：「因為我家老大今年要考試」、「因為我媽媽年紀大了，要照顧她」、「因為工作比較忙」……不論怎麼說，仍然無法平息她們的不滿。

不過，在這種時候，其實有一種反擊方式，可以讓她們全都安靜下來。那就是：**「以現狀來說，今年沒有辦法。」**

與其條列出各種詳細的理由，還不如直接試著說出這句話吧。

重點是要加上「今年」這兩個字。

因為你必須傳達出：「明年說不定可以，但是因為今年有各種現實的狀況，所以無論如何都不行」。

如果對方問你：「現狀是什麼現狀？」這時候你再告訴對方具體的事實就好了。例如：預定要搬家、照顧老人、經常出差……只要傳達了事實，對方一定可以理解的。

不過，前提是你拒絕的理由必須是真實的。畢竟你要拒絕誰都不想接手的家長會幹部，所以千萬不能撒謊。要是說謊被發現，你的人際關係便會出現破綻，請務必要注意。

如果能做到這點，今後就再也無須感到恐懼了。請用這句「以現況來說，今年實在沒有辦法」來克服這個狀況吧。

回嗆的修養

不對自己說謊的話語，才能成為自己的護身符。

——甘地（印度獨立之父）

5

別人的羨慕嫉妒，用這句將他一軍

旁人的嫉妒，也是一樁相當麻煩的事。

每個人都有這類的負面情緒，但如果是女性表現出嫉妒時，卻總會引發各種不同的場面。

某位媽媽有一個讀小學二年級的孩子。某天她參加學校的參訪日，在學校的鞋櫃旁邊遇見另一位家長。那位家長突然用很酸的口氣對她說：「妳今天也太有幹勁了吧！」讓這位媽媽覺得很莫名其妙。由於事出突然，讓她不知如何反應，只能小聲的回道：「沒有啦……。」

最常出現這種狀況的原因，是人的嫉妒心理，進而產生敵意。

嫉妒的原因從孩子的才藝、升學考試、身上穿的衣服、丈夫的職業、媽媽婚前的職業、家庭的裝潢擺設等，要一一舉例的話，根本是不勝其數。

遇到這種事情時，最理想的狀態就是要有覺悟：「這種關係只會維持到孩子幼稚園或小學畢業」，並且一邊和對方保持適度的距離，一邊適度的吹捧對方。

如果對方太嫉妒你，而你只保持沉默的話，反而會讓誤解擴大或加深。

關於嫉妒，又很常有一種狀況：孩子班上有年輕帥氣的老師。

年輕又帥氣的老師，無論是在哪個學校都極受歡迎。因為只要那個老師成為孩子的班導師，很多媽媽就會開始產生變化——比過去更注重打扮，其實這絕非是一件壞事。

大多數女人無論活到幾歲，都想維持美貌。我認為這是一件很美好的事。

但是問題在於，容易嫉妒人的媽媽，卻不樂見這種事的發生，這時，她們會展露出不討人喜歡的部分。例如，某些家長只是稍微跟老師聊得久一點，她們會無比的介意，更出聲問道：「你們怎麼聊這麼久啊？」

原本應該要直率的稱讚對方「妳今天打扮的真漂亮」，但是因為嫉妒心理，她們的競爭意識卻油然而生，讓她們用一種負面的態度去說出：「妳今天打扮的也太有幹勁了吧？」

要是嫉妒的症狀更嚴重一點，說不定她會毫無根據的妄想：「打扮那麼漂亮，○○媽媽是不是想在勾引老師啊？」

真是誤會大了。

再說，就算在某天打扮得特別好看，有什麼不對呢？

對於這種莫名吃醋而說出低水準嫉妒話語的媽媽，你可以用這句話直接將她一軍：**「妳也應該多點幹勁啊！」**

據說，前文說到的那位媽媽，後來這麼反擊時，對方驚訝到踉蹌的退了一步。

如果這句話對你來說，很難說出口的話，你也可以說：「有幹勁是好事！」容易吃醋、嫉妒的人，無論何時何地、遇到什麼人，都會吃醋。所以，請維持自信，不要在意這樣的人，照著自己的喜好，當個很棒、很有幹勁的人吧。

回嗆的修養

幹勁、幹勁、幹勁！

——濱口平吾（女子摔角手濱口京子之父）

第五章

家人親人友人的過度關心，怎麼解？

1

帶有貶低的疑問，你用回問來反擊

「你變胖了。」如果關係親密的人對你說這種話，我想，多數人會感到受傷。就算是再親近的人，也要維持基本的禮貌，不該把別人的身材當作話題。「為什麼連這種事情都要一一點出來，真是愛管閒事。就算這樣想，也沒必要說出來吧！」很多人會像這樣，越想越生氣。

當你聽到這句話時，儘管努力不把情緒表現在臉上，但心裡仍非常不愉快。難道對方以為說這種話，別人不會在意嗎？怎麼可能，不管是誰聽到，都會十分介意。尤其外表、身材等話題，無論男女，都非常敏感。

如果對方說的是：「你比之前稍微豐滿一點，看起來比較健康！」屬於稱讚，聽到的人不會為此感到不愉快。

但如果對方說的是：「你變胖了？」像在暗示你變醜了。比較敏感的人很有可能因此受到很深的傷。

有些講話不經大腦的人，可能會不自覺說出更過分的話：「欸，你怎麼又變胖啦？」個性比較怯懦的人，便會想：「像你這麼瘦的人，是不會懂我的感受的。」但是令人不甘心的是，越是個性卻怯懦的人，越不敢強硬的反駁親近的人。

同理，身形消瘦的人也不太喜歡別人這麼說：「你變瘦了。」

如果是說：「你變瘦，比之前更漂亮了呢！」由於是稱讚，所以聽者不會感到不快。

但是如果只是一句：「你變瘦了？」很有可能就會讓原本就很瘦的人受傷。因為這句話會讓對方覺得自己看起來好像很不健康。

當然更讓人受不了的，就是「你又變瘦了」這句話。

我有一個朋友發生了這件事：

這位女性某天在公司的午休時間，突然遇見同事對她說：「妳瘦啦？」讓她覺得像被天外飛來的一支箭刺中一樣，相當不舒服。

這位女性屬於怎麼吃都不會變胖的類型，雖然這種體質讓很多人羨慕，但她本人希望自己可以再長一點肉。

她很想要回嘴說：「胖的人才不會了解我的心情呢！」但是她怕破壞人際關係而說不出口，因此很不甘心。

當體型被別人說三道四時，當事者所受的傷，通常都會意想不到的深。

我有一招很棒的反駁方式，如果你遇到同樣的狀況，就說：「是喔？從什麼時候開始的？」

有一次我在公司排隊等使用影印機。路過的男性業務用很開朗的語氣說：「妳變胖了嗎？」

一瞬間，我以為他說的是我，因此我的心咚咚的跳個不停，完全冷靜不下來。但我很快發現這位男性業務說的，是另一位正在使用影印機的女同事，於是我鬆了一口氣。

這位女同事雖然露出不悅的表情，但還是用平靜的語氣問：「從什麼時候開始的？」男性業務起初沒聽懂女同事的話，因此愣了幾秒：「啥？」接著這位女同事又問了一次：「你說我從什麼時候開始變胖的？」

聽到這句反駁，男性業務就一邊說：「這個嘛……我不知道……。」一邊走掉了。相信從那之後，就不會再有人對這位女同事說這種話了。

在銀座，也會有客人突然冒出一句：「○○妳變胖了嗎？」

沒人氣的小姐就會嘟起嘴說：「您真過分～。」稍微有人氣的小姐會直接、大方的承認：「哎呀，您也這麼覺得嗎？」人氣極高的小姐則回答：「是跟什麼時候的我相比啊？」接著還會加一句：「說起來，您上次是什麼時候來這裡呢？」

通常客人都會苦笑著說：「哎呀，反被妳將了一軍啦！」

如果有人對你說：「你變胖（瘦）了？」那你就同樣用問句來回覆他：「是從什麼時候開始的？」

像個迴力鏢一樣反問對方，這麼一來，他就不會再說什麼了。

回嗆的修養

人生就像是迴力鏢。

——戴爾・卡內基（作家、社交技巧開發者）

2
親友催婚，先別說還沒

要不要結婚，是個人自由，可是總有些人會一直用「怎麼還不結婚？」來壓你，讓人不禁覺得，這些人很愛管閒事。

再說，又不是決定一輩子都不結婚，這種人何必替他人瞎操心呢？

I三十多歲，有一個交往將近四年的男朋友。

在某次的女性聚會上，一位已婚的朋友沒頭沒尾的問她：「妳還不結婚嗎？」讓她火冒三丈。

由於當下還有其他朋友在場，她只好回答：「現在還沒打算結婚……。」但她的內心並不是這樣想。其實I很想要結婚，而且一直在等著男友向她求婚。

而這個朋友與其說是在擔心她，倒不如說只是隨口問問罷了。

雖然知道對方沒有惡意，但她卻刺中了I最在意的部分，所以讓I感到非常不高興。

如果今天是一個沒有男（女）朋友的人，聽到別人這麼說，想必更加受傷了。

三十多歲的G出席親戚的結婚典禮，遇到很久不見的姑姑，對方糾纏著G，並問：「你怎麼還不結婚啊？」讓G不知道該怎麼應答。

隔了好一陣子，他才擠出一句：「目前還沒那個打算。」沒想到姑姑不死心，接著問：「那你有沒有交往對象啊？」

「真的很煩欸！」G心想。他好不容易按捺住自己想嘆氣的情緒，回答：「我覺得一個人比較自在啦！」沒想到對方竟說：「你現在是因為年輕才會這樣想，等你老了就知道，一個人很寂寞啦！」

姑姑的回答，讓G沒辦法再聊下去了，後來他假裝要去洗手間，離開了座位。

結婚、組成家庭，聽起來就像擁有了穩定的人生。即使如此，若一直被人問到這個問題，也會覺得很煩。經常有人問我，要是遇到這種問題，該怎麼回覆才好？

我有一句反駁的話，保證讓你豎起大拇指稱讚叫好。

久違的同學會，一個已經有兩個孩子的男同學問：「Y，妳還不結婚嗎？」

四十多歲的Y說：**「結啊！」**

對方接著問：「有打算結婚啊？什麼時候？」

於是Y一臉認真的回答：「要結啊，以後啦！」

對方相當驚訝，他繼續追問：「真的嗎？什麼時候要結啊？」

被問煩的Y就這樣回答：「反正就是以後嘛！」

聽到Y的回應，這人便悻悻然的說：「是嘛！以後會結啊。」然後閉上嘴了。

銀座有些客人也會問這種問題。

遇到這種狀況，沒有人氣的公關小姐通常會這麼回答：「我也想結啊，可是我沒有對象嘛。」雖然這種回答很老實，但如果能用有點衝擊的方式回答，對方會覺得很有趣，而且很有可能以後就不會再問這種問題了。

例如，有人氣的小姐會這麼說：「我明天過後就會結婚。」客人吃驚的問道：「真的嗎？」她就會重複：「真的，明天『過後』喔！」這麼一來，對方也會說：「原來是『過後』啊！」這麼一來，當下的氣氛也會輕鬆起來。

擁有極高人氣的小姐則輕鬆的反問：「那你要跟我結婚嗎？」

這麼一來，客人便說：「哎呀，真是讓人心動，可是我不行啦！」很認真的拒絕公關小姐。

人只要被戳中敏感的部分，就算不想說，也會很認真的回答。而結果就像是被審問一樣，要接受對方一個又一個的問題攻勢。

為了不讓情勢演變成如此，你不需要這麼老實的回答每個問題，就算是虛張聲勢也沒關係。

回嗆的修養

危急的時候，就要用虛張聲勢來騙過對方。

——表三郎（經濟學者，思想家）

3
重複再重複，讓對方不再問「要不要生」

要不要生小孩，可以說是最敏感的話題了。說實在，會提出這個問題的人也管太多了吧？

懷孕、分娩都必須透過女性的身體才能做到。

因此對一個想要孩子的女性來說，這句「還不生小孩嗎？」會讓她很難過。再加上，要是當事者正接受不孕症治療的話，那麼，她肯定累積了很多壓力。

如果被不太熟、不太親近的友人，偶而問一、兩次，或許可以面帶微笑的回答：「還沒有耶。」、「大概快了吧。」

若是經常見面的親戚、親密的友人、主管等，一天到晚問這句話，當事者還要裝出笑臉回答對方，想必感到十分痛苦。

我在懷第一胎之前，很難懷上孩子；懷第二胎之前的幾年，曾經歷流產和懷死胎。因此，我非常了解，不論多麼想要孩子，卻無法懷孕的痛苦和壓力。

就算問話的人什麼都不了解，只是像打招呼般隨口問了一句「還不生小孩嗎？」、「什麼時候要生第二胎？」、「小孩還是要有兄弟姊妹比較好喔！」但聽到的人，就算再怎麼正向開朗，也會很沮喪，甚至累積了壓力。

「一直問小孩的事，煩死人了！」、「人生又不是只有生小孩。」、「這個人怎麼完全沒有同理心啊！」……雖然很想這樣反駁，但最終什麼也說不出口，徒留一個巨大的傷口。

如果對方說了好幾次相關話題，我建議妳就索性對他說：「你這樣說，只會增加我的壓力！」因為妳不說清楚，這種人是不會知道自己已經造成他人不快了。

還有一種很煩的人，在你快要忘記時，他又會開始戳你心中最敏感那塊。

其中，我最常聽到的女性煩惱就是：「每當婆婆問我什麼時候可以抱孫子，我都覺得很難受。」

我很能體會這種感受，因為我剛結婚沒多久，婆婆大概每隔一個月，就滿懷期待的問我這個問題。雖然我知道她很期待可愛的孫子誕生，但是每次她一問，我都倍感痛苦，只能弱弱的回答：「還沒有消息呢。」

從許多女性的經驗，以及我自己的體驗中，我找到了一個很好的回話方式。下次遇到這種狀況，妳不妨這麼回答：**「之後會生喔。」**

無論是第一次被問「還不生小孩嗎？」還是已經被問了十、二十次，總而言之都以這句「之後會生」來度過難關吧。

其實這邊的語氣就跟前一節的內容差不多。

如果對方問妳：「還不生孩子嗎？」就答：「會生啊！」

對方不放棄的接著問：「什麼時候要生？」就回答：「以後會生。」這麼一來，對方也就不會再繼續問一些有的沒的了。

如果妳一直重複回答一樣的話，大部分的人通常都會知難而退。而且他之後很有可能不會再問妳一樣的問題了。

請把「之後會生啦！」這句話當作最強的盾牌，當有人問妳：「還不生小孩嗎？」就立刻舉起這面盾牌，好好的保護自己的心靈吧。

最後，我衷心祝福所有想生孩子的人，都能達成願望。

回嗆的修養

全盛時期？就在不久的將來啊！

——三浦知良（職業足球選手）

4

老翻舊帳？跟他確認是否過了追訴期

情侶、親子、兄弟姊妹、朋友之間，之所以會從普通的對話演變成激烈爭執，其中有一個原因就在於翻舊帳。

原本你以為某件事情早已告一段落，但對方卻在某天提起舊事，並大大的責難過去的你。這可真是棘手。

畢竟，跟味道容易消散不同，人的記憶沒這麼容易被消滅。

一對四十多歲的夫妻在談論最近要參加的親戚聚會。

妻子突然對丈夫說：「你不要一直問姪子他們升學的事情喔！」

丈夫回答：「知道了啦！」

妻子仍不死心的說：「你每次都這樣。上次也是，一直問○○打算考哪一間高中、問╳╳要進哪一間公司，一直問、一直問！」據說，妻子講的是好多年前發生的事情。

結果丈夫不經意的回一句：「煩死了！」讓妻子非常生氣，最後妻子翻起往事，甚至是根本不相關的事也被拿出來吵。

當然不只有女性會翻舊帳來指責對方，也有很多男性會這麼做。

二十多歲的H最近和戀人大吵了一架，據說導火線是男朋友說了一句：「妳每次都是這樣！」

她只是稍微指出男友讓她不舒服的行為，沒想到男友就開始翻舊帳：「妳之前也是這樣」、「不只那次，更久之前也是。」甚至翻出兩年多前的事，引發一場激烈的口角。

於是H對男朋友說：「一開始的確是我不好，我不該用這麼強硬的口氣指責你。可是你翻出兩年多前的舊帳，還要我檢討，我當然會很火大。我不想認輸，就想跟你爭到底了。」

當某人把過去的舊事翻出來吵，就表示他還記恨那件事。可能還無法原諒或不能接受當時事件的某個細節，換句話說就是執念還很深。

前面我們也提過了，有時候就算味道已經消失了，但記憶卻不會消滅，幾乎是永永遠遠的留在記憶裡。

就算你跟對方說：「饒了我吧。」也沒有意義。

但是每當對方開始翻舊帳，你都得道歉的話，精神上肯定很累，也會覺得很生氣。那麼，究竟該怎麼做才好呢？

我認為遇到這種狀況，應該用幽默感來四兩撥千金。你可以回答：**「那件事已**

經過了追訴期了吧！」

被翻的舊帳無論是兩個禮拜前、幾個月前，幾年前還是十幾年前，全都沒有關係。請抱著過去就是過去，已經結束的事就不要再提起的心情，光明正大的說出這句話吧！

銀座俱樂部的客人當中，經常會有客人因為「今天早上跟老婆吵架了」而回不了家，一臉沮喪的出現在店裡。

「我老婆竟然把三十年前的事情拿出來跟我吵。三十年前耶！」光看他用擦手巾擦臉的力道強度，就能看出他有多生氣。

他一臉困擾的說：「真受不了，都已經是三十年前的事了，要我怎麼辦嘛！」

這種時候，人氣低的公關小姐通常會表示同感：「真是辛苦啊。」結束這個話題；稍微有人氣的小姐會為他打氣：「都已經是三十年前的事了，早就已經過追訴期了吧！」

擁有超高人氣的小姐會這樣建議：「你應該當場逃走才對啊！」

如果過去的事被翻舊帳，那請試著回答：「這已經過了追訴期了吧！」要是這招還是不行，那你就試著說：「我要開溜啦！」暫時離開那個場面吧。

畢竟已經是過去的事了，老是被舊事重提，任誰都會不高興的。

回嗆的修養

三十六計，走為上策。

——兵法《三十六計》

5
說我有潔癖？這種程度算普通

光看「潔癖」這個詞，大多數人的印象是稍微神經質、有點完美主義。比起骯髒，當然是乾淨比較好；與其雜亂，還不如整齊清潔，讓人覺得比較舒服。我認為有潔癖絕對不是一件壞事。

但是當被人說自己「有潔癖」時，相信很多人都會感到不愉快。

在自我介紹的時候，幾乎不會有人說：「我有潔癖。」被問到有什麼優點時，也不會有人說：「我的優點是潔癖。」就算說了，也不會有人稱讚這是好優點。

我有一位朋友有潔癖，她在清潔衛生方面是絕不妥協的。

她在搭電車時，絕對不會抓拉環或把手。因為她說：「在我之前握把手的人，根本不知道摸過什麼的東西，我怎麼可能去摸呢？」

當我跟她一起搭電車時，也沒見過她去握拉環或把手。儘管電車搖晃得相當厲害，她仍咬緊牙根，靠腰部和大腿努力維持平衡，儘管她全身顫抖，仍努力的站直身體。就算我說：「太危險了，還是抓住把手吧！」她也只是搖搖頭，不為所動。

如果她自己開車的話，會禁止坐車的人飲食。不過可以喝水，因為就算打翻，水並不會留下髒汙痕跡，因此算是在容許範圍之內。

要載朋友時，她都會事先告知對方注意事項，不過對方通常就會這麼說：「妳的潔癖還真嚴重。」

個性好強的她自然是不會保持沉默。她通常都會立刻這麼回答：「拜託，我這是愛乾淨好嗎！」聽她這麼說，其他的人也只能回：「是啊，妳很愛乾淨啊。」之後就再也不會說些什麼了。話說回來，車子裡保持乾淨，坐起來確實也比較舒服。

一聽到潔癖，還會讓我想起一個銀座俱樂部的客人。

他原本在一間大型建設公司任職，辭職後獨立經營了一間顧問事務所，他總是隨身攜帶「殺菌紙巾」。這跟一般的溼紙巾不同，以消毒為目的。

令人驚訝的是，就連坐電梯的時候，他都會先用消毒紙巾把手指包起來，再按下按鈕。

有好幾次，我要進到店裡時，一坐進電梯裡正要按下樓層的按鈕，他立刻就拿出消毒紙巾對我說：「等一下，先用這個把手指包起來。」

當然，這種人一定經常被別人說是有潔癖了。不過據說他遇到這種狀況，都是這麼回覆的：**「我這種程度還算普通而已吧。」**

一聽到這裡很多人會接著吐嘈：「這樣哪裡是普通了！」不過他都會回答：「這個世界上到處都充滿了細菌跟病毒，為了要預防生病，我當然要好好的保護自己啦！」

的確，他這麼說也沒錯。

現在有越來越多人為了不被傳染流行疾病，總是做好萬全的防禦措施。遇到要脫鞋的診所，就會自帶室內拖鞋；要聚餐，就自備餐具，如筷子、湯匙、叉子，甚至是杯子……這種潔癖軍團真是數也數不盡。

所以，如果有人說你有潔癖，你只需要抬頭挺胸，正面的回他：「我這種程度算普通而已。」就行了。

聊聊題外話，現在只要我到銀座俱樂部，我都忍不住注意公關小姐拿起客人酒杯的手。

如果公關小姐在事前沒有受到完善的訓練，那麼她通常會拿著酒杯的上端。我甚至會看到新進小姐直接抓住酒杯的杯緣，我對這種拿酒杯的姿勢感到相當吃驚。

畢竟，拿東西時，注意不要用手碰客人嘴巴會接觸的部分，應該算是常識。

不光是那些有潔癖的客人……不，應該說，對於愛乾淨的客人來說，如果有人碰到杯子上嘴巴要接觸的地方，任誰都會感到不愉快的。

什麼？這樣說的話，我也算是潔癖嗎？

「沒這回事，我這種程度還算普通而已啦！」

回嗆的修養

越是異常的事，越是要用普通的態度去進行。

——森田一義（相聲家、節目主持人）

反擊語錄

用這招秒回他的垃圾話

除了前面提到的話語之外，事實上，這個世界上還存在著各種讓人聽了很不舒服的話。我從中選了幾個經常會聽到的例子，並在下面告訴你，可以怎麼回答：

容貌：

「你長得好大隻喔！」

↓

「我的心臟也很大喔！」

「你笑起來好噁心。」↓「不然，我生氣好了。」

「你素顏、沒化妝的話，好像會很恐怖。」↓「你在胡說什麼？我現在就是素顏啊！」

「你頭髮好少。」↓「接下來會開始長了啦！」

「噁心。」↓「還真是抱歉喔！」

「真沒女人味。」↓「這樣才安全啊！」

「你臉很大耶。」↓「要不要拿尺量量看？」

「怎麼這麼不可愛。」↓「你是說哪裡？」

「你幾歲了？」↓「你很在意嗎？」

性格：

「真是八面玲瓏。」↓「是說我很會做人吧，謝謝哦！」

「你大概沒什麼煩惱吧！」↓「就是因為煩惱多到不想再想了啊。」

「你真是漫不經心耶，好羨慕喔。」↓「謝謝你的羡慕。」

「你好會記恨。」↓「其實我都記不得呢！」

「你這個人真麻煩。」↓「這是我的壞習慣啦。」

「就是因為這樣，所以我很討厭B型人。」↓「這點你得去跟我爸媽抱怨哦。」

「你改一改個性吧。」↓「好啦，我會努力。」

「你是天然呆？」↓「是人工的啦。」

「真是神經質耶。」↓「這叫心思細膩。」

「你怎麼這麼難纏。」↓「這是熱情的表現。」

「看不出來你這麼邋遢。」↓「比方說哪邊？」

行動：

「反正你很閒啊！」↓「其實我超級超級忙欸！」

「你教養很差耶。」↓「聽了我教養的真相，可不要嚇一跳喔！」

「你有在努力嗎？」↓「我有盡力啦。」

「反正我對你沒有期待。」↓「那真是太好了！」
「這就是你的實力？」↓「到目前為止啦。」
「你是小朋友喔？」↓「已經不是小朋友了喔。」
「你真是愛講話耶。」↓「這是天生的啦。」
「你有在聽嗎？」↓「我聽到了啊。」
「你裙子怎麼這麼短？」↓「因為我腳長。」
「你很愛玩欸。」↓「我哪裡愛玩？」

人際關係：

「看來你沒辦法結婚喔！」↓「你是算命師嗎？」

「快去交男（女）朋友啦。」↓「很快就會交了啦。」

「真的很受不了你！」↓「那還真是可惜。」

「你怎麼又來了？」↓「沒想到你記得，真是榮幸。」

「你為什麼會在這裡？」↓「可以見到你，我很開心啊。」

「所以你到底想講什麼？」↓「需要我再講一次嗎？」

「現在才做也太晚了吧！」↓「我這個人做事比較謹慎啦。」

「你到底想怎樣？」↓「我沒有想要怎樣啊。」

「你以為我是誰？」↓「你不就是○○先生（小姐）嗎？」

「到底是工作重要，還是約會重要？」↓「兩個都很重要。」

「你不要靠近我。」↓「那可以到哪裡？」

終章

反擊之後要做的事

首先，非常感謝各位讀者閱讀到最後。

本書中介紹的回話方式是否能幫助你呢？如果你能鼓起勇氣，使用本書提到的方法，對我來說就是最高興的事了。

如果你對於書中介紹的某些回話方式，會想：「我真的能這樣說出來嗎？」而感到不安的話，你可以把書裡的回覆當成提示，由自己改造，例如，軟化語氣等，創造出適合你自己的回話方式，再去嘗試吧。

實際上，當我遇到別人出言不遜時，我也沒辦法每次都回答得很漂亮。有時回話回得太慢了、時機不對，讓我心靈的盔甲幾乎要崩解了。這種時候，我都會唸這個咒語：「下次一定沒問題！」

畢竟，沒有人能一開始做事就很順利進行。只要你不斷的唸：「沒問題！」不僅能加強內心能量，下次反擊對方時，一定會更加順利。

當你結束一天的辛勞，回到家並卸下心靈的盔甲時，我也希望你能替自己消除疲憊。就算只有十分鐘也好，請你挪出「只屬於自己的時間」，為明天的自己好好的充電。

例如詩或音樂，這些東西無論是在什麼時代，都能撫慰人心。或者，你也可以一邊喝溫暖的香草茶，一邊悠閒的翻著自己喜歡的雜誌。抬頭看看夜空，用月亮與星辰描繪出自己的未來。

重點是，請為自己加油打氣，珍惜這段自己專屬的時間。我衷心期望今後各位都能笑臉常開。

國家圖書館出版品預行編目（CIP）資料

回嗆的修養：被人說了難聽話時，你要如何反擊？對方不但語塞、還無法惱怒／森優子著；郭凡嘉譯. -- 初版. -- 臺北市：大是文化, 2020.04
224 面；14.8×21 公分. --（Think；194）
譯自：嫌なことを言われた時のとっさの返し言葉
ISBN 978-957-9654-75-3（平裝）

1. 說話藝術 2. 溝通技巧 3. 人際關係

192.32 109001585

Think 194

回嗆的修養

被人說了難聽話時，你要如何反擊？對方不但語塞、還無法惱怒

作　　者／森優子
譯　　者／郭凡嘉
責任編輯／陳竑悳
校對編輯／江育瑄
美術編輯／張皓婷
副總編輯／顏惠君
總 編 輯／吳依瑋
發 行 人／徐仲秋
會　　計／林妙燕
版權經理／郝麗珍
行銷企劃／徐千晴、周以婷
業務助理／王德渝
業務專員／馬絮盈
業務經理／林裕安
總 經 理／陳絜吾

出 版 者／大是文化有限公司
臺北市衡陽路 7 號 8 樓
編輯部電話：（02）23757911
購書相關資訊請洽：（02）23757911 分機 122
24 小時讀者服務傳真：（02）23756999
讀者服務 E-mail: haom@ms28.hinet.net
郵政劃撥帳號／ 19983366 戶名／大是文化有限公司

香港發行／豐達出版發行有限公司
Rich Publishing & Distribution Ltd
香港柴灣永泰道 70 號柴灣工業城第 2 期 1805 室
Unit 1805, Ph.2, Chai Wan Ind City, 70 Wing Tai Rd, Chai Wan, Hong Kong
Tel：21726513　Fax：21724355
E-mail：cary@subseasy.com.hk
法律顧問／永然聯合法律事務所

封面設計／孫永芳
內頁排版／邱介惠
印　　刷／緯峰印刷股份有限公司
出版日期／2020年4月初版
定　　價／新臺幣 340 元
ISBN　978-957-9654-75-3